平天下《へいてんか》
中国古典政治智慧

人民日報
海外版「学習チーム」 編著

室上大樹 訳

グローバル科学文化出版

目次

文化に矜恃を持つのなら初心を忘れてはならない（「序章」に代えて）……5

一般的読者にとっては、伝統的歴史、文学、哲学、倫理学などに関する古典を読むことを通して、古今の事や道理と理屈、また是非を明白にすることができます。指導的地位にある幹部にとって、伝統文化の中に身を立てる道理だけでなく、国政運営の道理も含まれています。個人にとってだけでなく、政党ひいては民族にとっても同じです。

修身編……8

中国の伝統文化のうち、修身は最も基本的で、最も中心的な要義として認識されてきました。「天子よりもって庶人に至るまで、壱是に皆修身をもって本と為す」。指導的地位にある幹部であれ、普通の庶民であれ、人は社会地位と職業が異なっていたとしても、人間としての基本的な道徳基準は同じです。古人曰く、この道徳基準は人間性の中に含まれており、人間と禽獣を隔てる要素ではあるものの、後天的に醸成していかねばならず、怠れば人になれないといいます。これこそが修身です。

斉家編……98

現代の官僚にとって、斉家は最も重要です。中国共産党第十八回党大会以来、反腐倡廉（汚職と闘い清廉な政府を創る）建設が推進され、ますます多くなる汚職事件の判例と中央の整頓意見の中に、幹部の親族や子女による法律違反が多くみられます。彼らが親族を統率せず、また見て見ぬふりをしたからです。これは偶然の現象ではありません。

治国編……………………124
我々は古人の名言警句や政治的知恵をしっかりと学び取れているでしょうか。それらの言葉は、我々に窓を開けてくれました。しかし、この窓を通して歴史の真実を見透かしてこそ、今の時代の国政運営の実践に役立てることができるのです。

平天下編……………………218
古人は、「格物・致知・誠意・正心・修身・斉家・治国・平天下」を重んじていました。そのうち、平天下こそが最終目的です。これは一つの超能力、また一つの気持ちです。これは政治家の理想であり、また知識人の追求です。曰く「地のために心を立て、生民のために道を立て、去聖のために絶学を継ぎ、万世のために太平を開く」。また同時に、平天下に到達するには、みんなの努力が必要です。曰く「天下の興亡は一人一人の国民にも責任がある」、これは誰もが望むことです。

あとがき……………………274

文化に矜持を持つのなら初心を忘れてはならない（「序章」に代えて）

人民日報社編集委員、人民日報海外版編集長　王　樹成

習近平国家主席は、中国共産党建立95周年会議で、「初心を忘れず、前進し続けよ」を党内に提唱しました。初とは、起点であり、初心であり、最も核心の精神のことです。

現在まで、これほど長きにわたって民族の言語、歴史、文化が続いてきた文明は、おそらく世界中に中国しかありません。我々は東方にそびえ立ち、世界に輝いていた時期もあれば、亡国民族廃滅の瀬戸際で生き残るに必死であった時期もありました。どのような状況下であれ、文化は常に中華民族を維持する見えざる血脈の役割をはたし、中国人の国家意識と民族意識を共に育み、中国ならではの価値体系と文明を作り上げてきました。

近代以来、中国は世界に遅れを取っていました。我々は列強を追い抜こうと努力している時期に、伝

統文化に対して迷いや疑念を抱き、否定さえしました。国運の衰退原因を五千年の歴史に擦り付け、民族発展問題の解決策は全面的西洋化しかないと主張する人も現れました。このような急進的な批判者から見れば、西洋化イコール現代化、開放と文明の象徴でありました。

中国が特色ある社会主義の道を辿って歩み続けている最中で、過去を振り返れば、かつての論争は中華文化を再生する好機であったことが分かります。困惑と疑念が理想と現実の落差によって生み出されたのであれば、数十年後の現在、中国発展の勢いは中華文化の強い生命力の灯火となっています。我々は批判的に受け継ぎながら、文化に対する自信を取り戻さなければなりません。

現在、中国が十分な自信をもってすべてと向き合うのは当然のことです。

中国はどこへ向かうべきか、という問いに対して、中国の現状を正しく認識すべきだという意識が人々の中に芽生え始めています。中国の現状を正しく理解するためには、中国の歴史に対する問いかけが必要です。なぜなら、これら問題の答えは、中国の伝統文化に潜んでいることが多いからです。歴史を忘れることは背信行為を意味し、伝統を捨てることは生きる基礎を放棄することを意味しています。

習近平国家主席は、中華民族が代々にわたって形成し、積み上げてきた優れた伝統文化の中から栄養と知恵を汲み取り、文化の遺伝子を受け継ぎ、思想の精華を絞り出し、精神世界における魅力を表出すべきであると強調しました。一般読者にとって、伝統的な歴史や文化、哲学や論理を読むことは、古今を知ること、論理を明かすこと、是非を判明することであります。指導者や幹部にとっては、伝統文化には人として指導者として必要な統治や政治の知恵が含まれています。それは人にとっても、政党にとっても、民族にとっても同じです。

魯迅先生は「民族というものがあってこそ、世界に参与できる」と言いました。中華民族はほかの文明に対し、よき「中国の知恵」と「中国の計画」を提供することができます。

今の世界では、地域衝突、宗教衝突、文明衝突、そのほか自民族中心主義の蔓延、右翼化、反グローバル化などの現象が次々と起こっています。我々はともに人類の行く末を考えるべきです。「中国の計画」はゼロサムゲームではなく、共生共同繁栄の付き合いを理念とします。

中華文化が数千年にわたって続いてきたのは、「己の欲せざることは人に施す勿れ」の信念のもとで、外来文化を受容し、相互に学びあってきたからです。我々が文明交流に対して期待することは、「同じ点を求めて異なる点を残す」と「天下大同」であります。現代では、この理念は「人類運命共同体」という新たな概念へと変身しました。

伝統文化に対し、科学的な態度を取るのは当然のことです。伝統の継承と民族認識を強調することは、世界潮流への反発や現代化への抵抗を意味することではありません。中華文化は変革から生まれたので、実践を以って更新、改善し続けることが必要です。

中国には全ての文明の成果を参考とする意志がありますが、それをそのまま模倣し、中国にも適用するというわけではありません。中国の特色ある社会主義の偉大なる実践は文明間の交流と相互学習の成功例でもあります。中国人民は、変わらない「道」を信じながら、流れによって変化する「勢」も求めてきました。だからこそ我々の歴史は変化と不変の間で発展し続けてきたのです。すなわち、中国は自身の党情、国情、民情を総合して判断することによって、開放の道を歩みながらも独自の発展の道を厳守し、豊富な実践で中華文化に生気と活力を注いできたのです。

古いことわざにもある通り、「古を知って今を渡り、歴史をもって政治に努める」。伝統は一番豊富な知恵であり、一番の宝物でもあります。一緒に初心を温めて、前進していきましょう。

修身編

人間一生の事業をピラミッドに例えると、修身は最も基本的な基盤である。基盤が固まれば固まるほど、ピラミッドが壊れにくくなる。基盤が広いほど、先端が尖って雲を突くほどになる。つまり、修身はあらゆる成功の起点、基盤である。

中国伝統文化の中で、修身は基本的、一番核心的な意義とされている。「天子から庶民に至るまで、修身を本とする」、これは指導者であっても、百姓であっても、人の社会地位や職業は様々であっても、人として最低限の徳が必要であるということを表している。古人曰く、徳は人間と禽獣を隔てるものであり、生まれながらにして人間のうちに隠れているものではあるが、後天的に磨いてこそ人となることができる、という。修身とは自己開発のことである。

伝統文化においては、修身の目的は道徳心の向上である。現代社会に適応するにあたって、修身の意義を更に拡大してみよう。

修身、すなわち修心。心にやましいことの無い「浩然の気」を育成すること。こういう理想的な人格や精神力を現実に利用すれば、プラスの作用を生み出すことができる。これこそ、善と悪を悟る知恵であり、是と非を明辨する準則であり、湧き上がる向上心である。

修身、すなわち修知。爆発的に情報量が増加している現代において、我々は開放的心態をもって学習し続けるべきである。古人から受け継いだ経典は基本ではあるが、決してそれがすべてではない。知識は実践から得られた情報の総合であるがゆえに、実践が絶えず発展しつつあるなかで、知識も更新していかなければならない。古いものに対して、未練を抱いたり拘泥する必要はない。

修身、すなわち修形。健康な身体こそすべての保証である。古人曰く、「文質彬々たるが君子なり」。「文」は知識と礼儀を指し、「質」は力と身体を指す。両方が揃い、バランスが取れてこそ、完璧な君子と呼ぶことができる。

出づれば則ち師有り、是《ここ》を以て教え諭し、徳成らしむ。

【出典】『礼記』

【原文】太傅は前に在り、少傅は後に在り、入れば則ち保有り、出づれば則ち師有り。是《ここ》を以て教へ諭して徳成るなり。師は之に教ふるに事を以てして、諸《これ》に徳を喩す者なり。保は其の身を慎み以て之を輔翼して、諸《これ》を道に帰《おもむ》かす者なり。

【解釈】教師とは、生徒に生活方法を教え、生徒の優秀な品格を培う人のことである。

学生の教育、子供の養育、民衆の教化においては、仕事能力を向上させるのみならず、道徳心を育てることも重要である。よって、よき先生となるためには、道徳と人柄が必要となる。「師とは、教え諭して徳を成らしめるものである」。生徒が教師から受ける影響は、先生の知識量や能力と関係があり、さらに彼の振る舞いや、国家や民衆、公や私に対する価値観と大いに関係がある。それと同じ、親として、子どもを育てる際には、仕事能力を育成するだけでなく、品徳面で引導すべきである。そうしなければ、親失格であるとさえ言える。官僚も同様に、品徳に問題点があるならば、いくら権力を持ち仕事の能力が高かったとしても、官僚としては不合格である。

徳は人の本である

【出典】『礼記・大学』[1]

【原文】君子は先づ徳を慎む、徳有れば此に人有り、人有れば此に土有り、土有れば此に財あり、財有れば此に用有り。徳は本なり、財は末なり。

【解釈】道徳と修養は人としての根本である。

1　『大学』はもと『礼記』の一章である。宋代の朱熹は『大学』を『中庸』とともに引用して『四書章句集注』を著し、初めて『論語』や『孟子』と並べて「四書」とし、後世に大きな影響を与えた。朱熹は程頤の観点を踏襲して、『大学』は「孔子の遺書であり、徳を学ぶための入門」であると考え、儒教の入門書として「四書」のはじめに配置すべきであるとした。また、『大学』を再編集し、「経」と「傳」の二つに分けた。「経」は計1章で、曾参が記録した孔子の言葉を収めており、「傳」は計10章で、曾参が考え、解釈した孔子の言葉が収められている。『大学』が人々に親しまれた原因は書中に記された「三綱八目」による。「三綱」とは、「大学之道」に収められている明徳、親民、至善を指し、「八目」とは、『大学』に著された儒教内外兼修の過程である格物、致知、誠意、正心、修身、斉家、治国、平天下を指す。

古人は弁証法を多く用いた。「徳は本なり」という句に「財は末なり」と続いている。これはただ財産や物質を否定しているのではなく、価値の順番を示している。つまり、道徳や品格と比べれば、財産や物質の価値は低く、前者こそが最も根本的、本質的なものだと主張しているのである。現代から見れば、この徳という概念は陳腐な幻想に見えるかもしれない。だが、かえって幻想であるからこそ一目に値するのだ。「徳」の意味するところを押し広げ、新たな時代的意義を付与するべきである。同時に、名利や金銭に対する態度も反省しなければならない。通貨や資本は国家、地方、家庭、人を衡量するための重要な尺度ではあるが、決してそれが唯一ではない。特に市井の人間は、家庭単位でも、個人心理においても、貨幣主義のトラブルに巻き込まれないよう慎むべきである。さもなくば、財産が人生の負担となり、資本は生活の元手としての意義を失う。西洋の近代経済学者アダムスミスは『国富論』と『道徳情操論』をともに著した。古代中国においても、近現代西洋においても、徳と財が本末転倒してはならないとする思想には通じるものがあるのではないだろうか。

君子は坦として蕩蕩たり

【出典】春秋・孔子『論語・述而』[1]

【原文】君子は坦として蕩蕩たり。小人は長《とこしな》えに戚戚たり。

【解釈】君子は度量が大きいため動揺することがなく、小人は小さな損得に拘って悩みばかりである。

1 『論語』は孔子の弟子が孔子の言行を記録した語録である。その中には、孔子の社会政治思想、哲学思想、倫理思想、教育思想が記されているのみならず、孔子の生活習慣など些細なことまでが詳細に描かれている。書には孔子より46歳年下の弟子である曽参の遺言が記されていることから、この書は孔子の弟子が編集し、戦国初期に書かれたと推測されている。孔子は中国古代の思想家、教育家であり、儒教の創始者である。名は丘、字は仲尼。春秋末期の魯国（現在山東省曲阜）出身。彼の思想は中国および世界にも深い影響をもたらし、聖人、極聖先師と呼ばれている。孔子は自ら「述べて作らず」と言い、彼自身が着筆した書物はないと言われている。しかしながら、中国最古の典籍、いわゆる「六経」は彼が講義材料として用いた可能性がある。

孔子は君子を重視し、よく君子と小人を比べて、生徒に君子として生きるよう説いていた。孔子の時代には、君子という言葉には二つの意味があった。一つは、貴族や高い社会的地位を持つ人のことを指し、彼らは高い地位にいるにもかかわらず、道徳も学問もなかった。もう一つは、地位はなくとも、道徳があって、学問にも秀でている人のことを指した。孔子は生徒が後者となるよう望んでいたのである。では、君子となることにはどのような利点があるのだろうか。物質的なメリットがあるとは限らないが、君子となれば、新たな境地に至り、柔軟かつ素直なこころもちで人に接することができ、精神を安楽に保つことができる。孔子は弟子の顔回を讃頌した。顔回は粗末な家に住み、暮らしも貧しかったが、「人は其の憂いに堪えず、回や其の楽しみを改めず。（普通の人なら憂いに耐えられないところだが、回は変わらず楽しそうに暮らしている）」と孔子に評された。これこそ君子の境地である。これは消費社会で常に物欲に囚われている我々にとって、特に深く考慮すべきことである。

君子は義を質にする

【出典】『論語・衛霊公』

【原文】子曰わく、君子、義以て質と為し、礼以てこれを行い、孫以てこれを出だし、信以てこれを成す。君子なるかな。

【解釈】君子は義を根本とする。

この句は孔子が君子となる方法を弟子に教えたものである。「義、礼、遜、信」の四つが主題である。第一は義。義は根本であり、形式的に対して内在的なものである。君子となるには義を以って根本とすべきなのである。第二は礼。礼は行為の基準である。義に対して、礼は義を表現するための適切な外在形式である。第三は遜、つまり謙遜すること。君子は言行、態度、気質が謙遜たるべきことを表す。第四は信。すなわち有言実行すること。孔子は、この四つができてこそ真の君子たりえる、と言ったのである。

カントはこう言っている。「二つの事物に関する思考を深めるほど、心に湧き上がる驚きや敬意が日々変化し、深まっていく。頭上の星空と、心中の道徳である」。カントが述べた心中の道徳とは、孔子が述べた君子の本質——義である。

我々は、人々の心は変わってしまった、とよく嘆くが、古代の人間の道徳が低くなかったわけではない。典籍に見られる古代の理想的国家像は、実際には虚構に過ぎず、歴史上に実在したわけではない。しかし古代であれ現在であれ、未来においても、「人類は同じ心を持っており、心は同じ倫理に従う。」、基本的な道徳定義は永久な価値がある。完璧な人格を手に入れるためには、心に原理原則が必要であり、すなわち我々が実践すべきことは「義以て質と為」すことなのである。

士は以て弘毅《こうき》ならざるべからず。任重《にんおも》くして道遠し。

【出典】『論語・泰伯』

【原文】士は以て弘毅ならざるべからず。任重くして道遠し。仁以て己が任と為す、亦重からずや。

【解釈】士は心が広く、意志が強くなければならない。責任は重く、道は遠いからである。

「士」は中国古代の独特な階層であり、彼らは知識をもって君主が功業を立てることを扶けた。現代社会においても、「根気ある」精神は依然として必要であり、特に青年たちは、時代にとり残されることがないように前進しつづけ、責任感を持ちつつ成功を目指すべきである。国や人民を抱えて、社会や他人に貢献することこそ、真の成功である。国の未来、民族の運命、人民の幸福、これは現代中国青年が負わなければならない責任である。各代の青年にはそれぞれが身を置く歴史的境遇がある。現在、中国は繁栄富強の道を歩み続けており、中華民族は偉大なる復興へと突き進み、中国人民は更なる幸福な生活へと前進している。人民とともに奮闘し、前進し、夢を実現すること、個人の理想や発展を国家の運命と一体とすることこそが、責任感の表れである。

学びて厭《いと》わず、人を誨《おし》えて倦まず。

【出典】『論語・述而』

【原文】子曰く、黙して之を識り、学びて厭わず、人を誨えて倦まず。何か我に有らんや。

【解釈】学びに飽きることがなく、教えるのに疲れることがない。

学びに飽きることがなく、教えるのに疲れることがない。これは高度な境地である。学びに飽きることがない、というのは個人的なことであり、教えに疲れない、ということには人との関係、修養が求められる。尊敬され、理解され、寛容されること。これは人生の各段階で誰しもが必要とする心理的訴求で、特に子供や少年はこの欲求が強い。調査によると、学生を尊重することが良い教師の条件であることが判明した。よい先生は学生を尊重し、学生に自信を感じさせ、他人への尊重を直伝すべきである。いわゆる「劣等生」や問題児に対して、より一層の理解と協力をすべきである。教師は学生にとって重要な存在で、教師の何気ない一言が天才を生み出すことがあれば、逆に天才を埋没させることもある。よい先生は平等に生徒と対面すべきであり、生徒の個性や感情を尊重し、理解し、学生の弱点や不足を包容し、学生の長所をみつけることによって、学生を良い人材に成長させることができる。

人の己を知らざることを患えず、人を知らざることを患う。

【出典】『論語・学而』
【原文】子曰わく、人の己を知らざることを患えず、人を知らざることを患う。
【解釈】人が己を知らないことでなく、人を知らないことを恐れる。

中国古代から「敵を知り己を知らば百戦危うからず」という諺があるが、人付き合いの面から言えば、自分が他人を知らないことをまず問題とすべきである。それは、第一に他人を知らないことで自分を成長させることができず、第二に他人との付き合いかたを知ることができないからである。

己《おのれ》立たんと欲して人を立て、己達っせんと欲して人を達す。

【出典】『論語・雍也』

【原文】 子貢曰わく、如し能く博く民に施して能く衆を済わば、何如。仁と謂うべきか。子曰わく、何ぞ仁を事とせん。必らずや聖か。尭舜も其れ猶お諸れを病めり。夫れ仁者は己立たんと欲して人を立て、己達っせんと欲して人を達す。能く近く取りて譬う。仁の方と謂うべきのみ。

【解釈】 他人に仁愛の心を与えれば、他人も自分に仁愛を注いでくれる。他人に寛容な態度で接してこそ、他人に寛容な態度をとってもらえる。

他人を助けるということは自分を助けることに繋がり、自分が成功したいのであれば、他人を成功させるべきである。この一見綺麗ごとのような言葉には、意外にも一理ある。古人もこう言っている。「他人に愛されたいなら、まず他人を愛すべし。他人に寛容されたいのなら、まず他人を寛容すべし。中国は正確な義理観を持ち、他国を助けることは中国のためになると理解している。近年、中国の努力により建立された「一帯一路」やアジアインフラ投資銀行などは、すべてウィンウィンの発想に基づいている。エネルギーやインフラ建設、産業協力などの面で、ほかの国や地域に福祉をもたらす。中国は「他国を発展させることは自国の利益となる」という観念を提唱した。世界中で中国を歓迎する傾向が強まっているのには中国の義理観が関係している。個人レベルでは、以下のように言いかえることができる。自分自身の発展を求める同時に、仲間や他人を考慮し、自分自身の発展成果が社会に貢献できてこそ、成功と言えるのである。

為す者は常に成り、行く者は常に至る。

【出典】『晏子春秋・内編雑下』[1]

【原文】梁丘拠、晏子に謂ひて曰く、吾死に至るまで夫子に及ばずと。晏子曰く、晏之を聞く、為す者は常に成り、行く者は常に至る、と。晏、人に異なること有るに非ざるなり。常に為して置かず、常に行きて休まざる者なり。故《なん》ぞ及び難からんや、と。

【解釈】努力家は常に成功し、休まず行動する人は常に目標に至る。

1　『晏子春秋』は春秋時期（前770—前476年）の斉国の政治家であった晏嬰の言行を記載した歴史典籍であり、史料や民間伝説に基づいて編集された。書には、晏嬰が君主に対して、政治に勤勉であり、楽を嗜まず、百姓を愛し、賢能な臣を任用して、虚心に訓戒を聞くよう勧告した事例が記載されている。晏嬰自身も極めて倹約家であり、後世の君主に尊敬された。かつては疑古派によって偽作ではないかとされていたが、1972年に銀雀山漢墓で発見された文献によって、偽作ではないことが証明された。

現代史を振り返れば、中華民族は復興にあたって、絶えず信念を確信し実践してきた。実践することを信念とする民族は、どれほど貧困であっても、必ず栄光を探し出すことができる。中国の古代の名言に、実践することを奨励し、積極性を是とする諺が多数あるのは決して偶然ではない。今の中国は様々な目標と理想を持っている。遠い視点から見れば、「中国の夢」も、「二つの百年」の奮闘目標も、近代以来の中華人民全員の夢である。近い視点から見れば、２０２０年までに全面的に豊かな社会を建立するという奮闘目標は、中国が信念を保ちつつ、心を一つにして協力して達成するものである。中国の未来は激しい発展と建設が必要だと言える。

為す者は常に成り、行く者は常に至る。

【出典】『晏子春秋・内編雑下』

【原文】 晏子曰く、晏之を聞く、為す者は常に成り、行く者は常に至る、と。晏、人に異なること有るに非ざるなり。常に為して置かず、常に行きて休まざる者なり。故《なん》ぞ及び難からんや、と。

【解釈】 どんなに難しい事でも、やればできる。どんなに遠い道も、旅立ちさえすれば、いずれ到着の日が来る。

中国の伝統哲学は実践を重視している。「千里の道も一歩から（千里之行、始于足下）」「将棋の歩のように前進を続ければ、努力は無駄にはならない（日拱一卒、功不唐捐）」、孔子の「高山は仰ぎ、景行は行く（高山仰止、景行行止）」、王陽明の「知行合一」など、実践を奨励する諺が数多くある。知識をただ蓄えるだけでは意味がなく、実践してこそ真の認識を得ることができ、より深い境地に辿り着けるという深遠な哲学の理念が含まれている。だから、机上の空論を弄するものはむしろ国家にとって有害であり、実践者は人に尊敬される。同様に、晏子のこの言葉にはもう一つの意味がある。所謂「聖人」と呼ばれる者は、実は凡人と大した違いがないのかもしれない。両者の違いはその行いにあるのである。孔子もこう言っている。「自分が他人と異なるのはただ一つ、『諦めずにわが道を往くこと』である」と。信念を堅持し、絶えず求めて、実践し続ければ、必ずしも誰もが敬意を示す地位につけるとは言えないが、自身に悔いがない日々を送ることができる。多くの人は一生涯をかけて努力を重ねたところで、生まれ持った才能で戦うものに敵わないからである。

強きは弱きを執《と》らず、衆きは寡きを劫《おびやか》さず。

【出典】春秋末期戦国初期・墨子『墨子・兼愛』[1]

【原文】天下の人、皆相ひ愛し、強きは弱きを執らず、衆きは寡きを劫さず、富みて貧しきを侮らず、貴きは賤しきを赦さず、愚なるを詐り欺かず。

【解釈】強者は弱者を圧迫せず、富者は貧者を侮らず。

1　『墨子』は墨子の言行や墨家学派の思想資料を記載した総集である。『漢書』「芸文志」には、全71編であると書かれている。『墨子』の内容は二つに大別することができる。一方は墨子の言行や思想を記載し、主に前期の墨家思想を反映している。もう一方は、「経上」「経下」「経上説」「経下説」「大取」「小取」から成る、墨辯や墨経と呼ばれる部分で、主に墨家の認識論や論理、及び自然科学の内容が含まれており、後期の墨家思想を反映している。墨子（約前468―前376年）自身に関して、班固は「名は翟、宋に仕官し大夫となる、孔子の後。」と記している。墨子は城を守るための機械づくりに優れていた、墨家の始祖である。諸子百家の中で、儒教や墨家はともに「衒学」と呼ばれており、当時、墨子の名は孔子に並ぶほどであった。墨子は尚賢、尚問、兼愛、非攻、節用、節葬などの主張をもって、労働人民の中で呼び声が高い。そのために、墨子は後世で労働人民の哲学家と呼ばれている。

強者と富者は弱者や貧乏人を欺かない。中国人は古代から「強きは弱きを執らず、衆きは寡きを劫さず、富みて貧しきを侮らず、貴きは賤しきを敖さず、愚なるを詐り欺かず」と唱えてきた。偉大なる民族として、中華民族は古代から平和を愛し、平和や和睦を追求する信念は中華民族の精神世界に強く根を張った。和を以て貴しとなす、和して同せず、争いを友情に代え、天下大同などの理念を代々受け継いできた。個人も、民族も、国もそうである。古代中国は長きにわたって世界の強国として君臨し続け、平和の理念を、シルクやお茶、陶器などの物産とともに輸出し続けたのである。当然、中国が伝えてきた「和」とは、無限の譲歩を意味してはおらず、国家核心に係る問題では、越えてはいけないラインが明確に存在する。

仁義忠信、善を楽しみて倦まず。

【出典】戦国・孟子『孟子・告子上』

【原文】天爵なる者有り、人爵なる者有り。仁義忠信、善を楽しみて倦まざるは、此れ天爵なり。

【解釈】仁義忠信を堅持し、飽きずに善を行う。

仁・義・礼・智・信というのは中国古代伝統文化の精華である。孟子曰く、仁・義・忠・信は生まれつきの能力であり、飽きずに善を実行できるという。これは現代社会においても意義がある。特に情報爆発の今、道で倒れた老人がいれば助けるかどうかに迷っている時に、この言葉は指導的意義を持っている。また、中国人は伝統文化の善をすることをうまく受け継いだと言える。災害援助で活躍するボランティアや黙々と活動を続ける非営利団体がその証である。

大きな視点から見れば、中国は国際社会においても誠信を善とする原則を守っている。

出入相友《しゅつにゅうあいとも》とし、守望《しゅぼう》相助く。

【出典】『孟子・滕文公上』[1]

【原文】郷田《きょうでん》、井《せい》を同じくし、出入相友《しゅつにゅうあいとも》とし、守望《しゅぼう》相助け、疾病相扶持《あいふち》す。

【解釈】他所へ行くにせよ、故郷へ帰るにせよ、同行する人々はみな仲間であり、互いに助け合って、親しく付き合うべきである。襲ってくる敵や意外な災難に対応するためにも、隣同士の村が協力して警戒にあたり、助け合うべきである。

1　孟子（約前372―前289年）、名は軻、山東鄒人。孔子の孫である子思から教えを受けた戦国中期の儒家である。孟子は孔子の学説や思想を受け継ぎながら発展させ、中国古代においては孔子の次に影響力を持っていた儒学大師であり、「亜聖」と呼ばれている。『孟子』は孟子自筆の書ではないが、弟子によって書かれたものであり、孟子の実際の言行が記載されていることに疑いはない。書の中で、孟子は人性論を主張し、仁政や王道の政治理論を主張し、民は貴し君は軽しと説いた。北宋以降、『孟子』は儒学の典籍としての地位を獲得し、南宋では「四書」の一つとして尊敬され、古代の士子にとって必読の書となった。

良き師や良き友と付き合うことが人生の幸福であり、交流を通じて、共に知識を深め、情操を磨き、品行を正しくしていくことができる。したがって、成長の過程において、どのように友達を選ぶのか、どのように友情と向き合うのかということが重要な人生課題である。『説文解字』には、「志同じくするを友と為す」つまり志向が合うことが友人としての前提条件である、とある。また、友人間では志向が合うだけでなく、お互いを尊重することが必要である。世界中に全く同じ形の木の葉が無いように、全く同じ個性や特徴を持った二人の人間が存在しない以上、お互いの相違点を尊重するのは友情を続けるための基礎である。友達は、互いに思いあって、助け合うべきである。特に人生の難関を迎えたとき、本当の友情というものは非常に得難い。古人の言葉によれば、「艱難時の友情は忘れずすべき」。

充実せる、之を美と謂い、充実して光輝有る、之を大と謂う。

【出典】『孟子・尽心下』

【原文】欲すべき、之を善と謂い、諸を己に有する、之を信と謂い、充実せる、之を美と謂い、充実して光輝有る、之を大と謂い、大にして之を化する、之を聖と謂い、聖にして之を知るべからざる、之を神と謂う。

【解釈】求められるに値することを「善」といい、己の中に「善」を具えていることを「信」という。「善」が己に充満していることを「美」といい、「善」が己に充満し、且つ輝いていることを「大」という。「大」であり、万物を教化できるものを「聖」という。「聖」かつ不可知であるものを「神」という。

孟子のこの言葉は、個人の修養に関して論述しているのである。「善」、「信」、「美」、「大」、「聖」、「神」、これらはすべて修養の異なる段階について述べている。これらの定義を文芸創作の領域に当てはめるとわかりやすい。優秀な作品と称されるには、まず才気が充満していて、基礎がしっかりしており、内容が堅実であることが必要とされる。偉大な作品と称されるためには、さらに人間的な輝きや歴史的な考証が必要である。曹雪芹は『紅楼夢』を書くにあたり、「繰り返し読むこと10年、内容を増減させること5回」であったとされる。フローベールが『ボヴァリー夫人』を著した際には、「1頁のために5日間書き続けた」「旅館の場面を書くのに3か月ほどもかかった」とされている。偉大なる文芸作品の多くは、このように度重なる修正を経て、長きにわたる創作の苦しみの末に絞り出されたのである。

芸術家が作品の制作に精を尽くすように、一般の人々も己の仕事に対して精を尽くさねばならない。２０１６年の（中国）「政府工作報告」において、「社会全体で『工匠精神』を養成せよ」という提案が初めて記載された。「工匠精神」とはいったい何か。すなわち、職人が己の作品に向き合うように、精細に作業を行い、推敲を繰り返してこそ、良い作品を生み出すことができるということである。これぞ「路遥かなればこそ馬の力を知る」「工慢たれば細活出ず」であり、定型生産やいい加減な模倣、時流追随の生産とは対極に位置しており、創造力や智慧、心血、製作者の個性を凝縮させたものである。このような精神は文芸創作にのみ存在し得るのだろうか。そうではない。日本の「寿司の神」は寿司を握ること一筋に数十年を費やし、やっと唯一無二の味を出すことができるという。中国が輩出した数多くの「大国職人」たちも同様に、一つの物事に何十年も専念し続けてきた。流れが速く落ち着かない今日こそ、中国社会にはこのような冷静な継続性が必要なのである。

水の積むこと厚からざれば、則ち大舟を負ふに力無し。

【出典】 戦国・庄子『逍遥遊』

【原文】 其の下を視るや亦た是《かく》の若からんのみ。且つ夫れ水の積むこと厚からざれば、則ち大舟を負ふに力無し。杯水を坳堂《ようどう》の上に覆せば、則ち芥之《あくたこれ》が舟と為るも、杯を置かば則ち膠《こう》す。水淺くして舟大きければなり。風の積むこと厚からざれば、則ち其の大翼を負ふに力無し。故に九萬里なれば、則ち風斯《ここ》に下に在り。

【解釈】 水が十分でなければ、大船を浮かべることはできない。

人間性であれ作業であれ、堅実かつ基礎がしっかりしていなければならない。これが所謂「水が十分でなければ大船を浮かべることはできない」ということである。知識の蓄えが足らず、視野が狭窄であれば、必然的に仕事で問題を起こしやすくなり、余裕を失ってしまう。仕事にしろ生活にしろ、すべてこの道理である。教師を例に挙げれば、確実な知識、熟練した能力、勤勉な姿勢、科学的な教授法などは総て教師としての基礎であるが、その中でも知識こそが根本的な基礎である。外国のとある教育家がこう言った。「学生にわずかな知識の光を得させるためには、教師が光の海に導く必要がある」と。情報の時代において善き教師たるには、自らの知識が学生に教えるべき範囲を大きく超えていなければならず、教学に必要な専門知識だけではなく、広範な教養と寛大な視野を持たねばならない。さらに、善き教師は智慧ある教師でなければならない。学習、処世、生活、教育などの智慧を備え、魚だけではなく漁の方法を教える者として、各方面において学生を援助し、指導すべきである。学生たちは往々にして、教師の厳しさには耐えられても、教師の知識が浅薄であることには耐えられないのである。

之を見るは之を知るに若かず、之を知るは之を行うに若かず。

【出典】戦国・荀悦『荀子・儒効』[1]

【原文】聞かざるは之を聞くに若かず、之を聞くは之を見るに若かず、之を見るは之を知るに若かず、之を知るは之を行うに若かず。學は之を行ふに至りて止む。

【解釈】見ることは知ることに及ばず、知ることは行うことに及ばない。

1　荀子（約前313—前238年）、名は況、字は卿、趙人、戦国末期の儒学大師である。古書では常に遜卿と記される。儒教の学説を継承し発展させ、他家の長所を吸収し、儒教に独自の一派を開いた。彼の主張した性悪論は同じく儒家である孟子とは正反対である。礼を重んじ、社会の調和において重要な役割があると考えたため、政治思想は礼法兼用、王覇兼重である。『荀子』は西漢の劉向により編纂され、もと32篇であったが、唐代に楊倫によって20巻とされた。一般的に、「勧学」、「王覇」、「性悪」などの篇は荀子自身によるものとされている。

この言葉は主に、学習に際して、ただ見ることは深く考えることに及ばず、ただ深く考えることは時間をかけて検証することに及ばない、ということを指す。これは「万巻の書を読み、万里の路を行く」と同義であり、「実践は真理を検証するための唯一の基準である」という言葉と図らずしも一致している。この二言も共に実践の重要性を強調している。

善を見れば則ち遷《うつ》り、過ちあらば則ち改む。[1]

【出典】『易傳・象下・益』
【原文】風雷、益。君子以て善を見れば則ち遷《うつ》り、過ちあらば則ち改む。
【解釈】良い点を見れば学んで取り入れ、誤りがあればその都度改める。

1 『周易』は殷周の頃に書物として完成し、また『易経』とも呼ばれ、『易』と略される。後世の人によって『周易』の一部と目された『易傳』は戦国期に書物として編纂された。「易」には「変易（変ずる、化する）」、「簡易（簡便な方法で複雑な事象を読み解く）」、「不易（永久不変）」の「三義」を表している。伝説によれば、周の文王が易を用い、卦と爻を重ね64卦、３８４爻を算木し、卦象に依って吉凶を占ったという。『周易』には世界観や倫理学説、豊富かつ素朴な弁証論が内包されており、中国哲学史上において重要な地位を占め、中国文化に対して巨大な影響を与えてきた。

この語は「益」卦の「大象」に由来する。「益」卦は下震上巽、震は雷を表し、巽は風を表す。ゆえに「大象」は「風雷、益。君子以て善を見れば則ち遷り、過ちあらば則ち改む」と言っているのである。占いの観点からいえば、この卦は物事を行うのに有利であることを示している。形勢が比較的安定している一方で、制約も強い。ゆえに積極的に行動し、かつ慎重に気をつけねばならないということを示している。物事を行う際には、風雷のごとき勢いで取り組むだけではなく、進取の念を常に忘れず、自らを絶え間なく改善し続けねばならない。自己改善には大きく分けて2種類がある。第一に、他人の優れている点に気づき、学んで自らのものとすること。第二に、自らの欠点に気づき、改めること。これこそ「益」卦が示している内容である。

誠に既に勇んで又以て武《たけ》く、終に剛強にして凌ぐべからず。身既に死すれども神《しん》以て靈たりて、子《し》の魂魄鬼雄と爲る。

【出典】戦国・屈原[1]『九歌・国殤[2]』

【原文】

呉戈《ごくわ》を操《と》りて犀甲《さいかふ》を被《かふむ》り　車は轂《こく》を錯《まじ》へて短兵接す
旌《はた》は日を蔽《おお》ひて敵は雲の若く　矢は交《こもごも》墜ちて士は先を争ふ
余が陣を凌ぎて余が行《かう》を躐《ふ》み　左驂《ささん》は殪《たふ》れて右は刃《じん》に傷つく

1　屈原（約前340—前278年）、戦国時期楚国の政治家で、中国史上最も早くに現れた大詩人である。名は平、字は原、また自ら称して名を正則といい、霊均と号した。学問に優れ、楚の懐王を補佐し、三閭大夫、左徒に任ぜられた。対内的には賢者を登用して法度を修明すること、対外的には斉と結んで秦に対抗することを主張した。貴族により排斥され、沅湘流域へ追放された。のちに楚は政治的に腐敗し、首都郢《えい》は秦に攻められ陥落した。形勢逆転の望みは失われ、また政治的理想は実現不可能であることを悟り、汨羅江《べきら》に身を投じた。

2　「九歌・国殤」は戦国・楚の偉大なる詩人である屈原の作品であり、戦死した楚の士兵を追悼する挽歌である。

両輪を霾《うづ》みて四馬を縶ぎ　玉枹を援りて鳴鼓を撃つ
天時は懟《うら》みて威靈は怒り　嚴殺し盡《つく》して原野に棄《す》つ
出でては入らず往きては反らず　平原忽《こつ》として路《みち》超遠なり
長劍を帶びて秦弓《しんきゅう》を挾み　首身離るるとも心は懲りず
誠に既に勇んで又以て武《たけ》く　終に剛強にして凌ぐべからず
身既に死すれども神《しん》以て靈たりて　子《し》の魂魄鬼雄と爲る

【解釈】国のために身を捧げる勇士たちは、勇猛果敢に突き進むだけではなく、死すれど屈せずという気概を持っている。肉体の死は精神の消滅と同義ではなく、霊魂と化しても霊魂中の英雄となる。

孔子の弟子のうち、顔回は最も孔子によって愛されたが、生涯にわたって極度の貧困に身を置き、儒学に対する志の高さを除いては何も大きなことを成し遂げなかった。一方、孔子に常々叱られていた弟子の子路は、歴史上の記載において非常に生き生きと描かれている。子路は率直な性格で、常に孔子に反論していたが、内心では孔子のことを非常に尊敬していた。彼は孔子の弟子には珍しく仕官の経験があり、このことから衛国の内乱に巻き込まれ、悲惨な末路を遂げた。刑に処される直前にあっても衣冠を正すことを忘れなかったという。

子路の勇ましい性格には豪傑の風格が漂っている。一部の人々は中国人の性格を評して曰く、従順なものが多く、抗争意識のある者は少なく、文弱で謙遜するものが多く、勇猛な者は少なく、建前ばかりの者が多く、率直な物は極めて少ないという。しかし、史書を紐解けば子路のような人物は決して少なくはなく、中国文化にも勇猛な一面があるということが分かる。一千年間の集権社会にあって久しく抑圧されてはいたが、決して絶えて無くなったわけではない。文化という長い河の暗流として常に流れ続け、政権が動揺し民族が危機に陥った際には爆発的に沸き上がり、英雄を輩出するのだ。

長らくの間、中国文化に対する我々の理解と研究が、宋代以降の文人によって創造された穏やかなものに限られ、中国文化の源流に位置する勇猛さは忘れ去られてきた。ゆえにある人曰く、宋以降の中国文化は日を追うごとに内向的で柔弱になり、これが我々の中国文化全体に対する認識に重大な影響を及ぼしているという。これにもまた一理ある。

桃李は言はざれど、下自ずから蹊《こみち》を成す。

【出典】西漢・司馬遷『史記・李将軍列伝』

【原文】諺に曰く、桃李は言はざれど、下自ずから蹊《こみち》を成す、と。此の言小なりと雖も、以て大を喻《たと》ふべきなり。

【解釈】桃や李《すもも》の木は言葉を発しないが、彼らの花や果実によって人々が集い、一条の小道をなす。

司馬遷が尊敬していた「飛将軍」こと李広は、容姿端麗とは言えず、言葉巧みでもなかったが、彼が死を迎えた際には天下の人がみな悲しんだという。なぜだろうか。「忠実心は誠に士大夫に於いて信ぜられた」。これこそが彼の魅力、品性であり、人を惹きつける源であった。

これは他の多くの事物についても言える。真に人を惹きつける力のある人、事、都市および国家は、かならずしも大声で自らを宣伝してまわる必要は無い。人々が自ら赴き、「足を用いて投票」してくれるからである。そして人々の自主的な選択こそが、その対象の真の影響力を体現している。この境地に至るためには、まず己が「桃や李」となって花開き、香りを漂わせ、自ずと人が集まるのを待つ必要がある。これは決して「宣伝など全く不必要だ」「よい酒は路地の深さを恐れない」ということではなく、自己を磨き、苦労して己を練り上げることの重要性を言っているのである。

百里を行く者は九十を半ばとす

【出典】『戦国策・秦策五』[1]

【原文】詩に曰く、百里を行く者は九十を半ばとす、と。此れ末路の難きを言ふなり。

【解釈】百里の路は、九十里進んでようやく半分の行程を済ませたと言える。物事を成し遂げようとする際には、成功に近づくほど困難が増し、真剣に取り組む必要があるということの比喩である。

1　『戦国策』は国別体《こくべつたい》史書の一つであり、またの名を『国策』『短長書』という。主に戦国期の縦横家の政治主張と策略が記載されており、戦国史研究における重要な典籍である。東周、西周、秦、斉、楚、趙、魏、韓、燕、宋、衛、中山国の順に編纂され、分けられること全12策、33巻、４９７編、約12万字。内容は紀元前４９０年に智伯が範氏を滅ぼしたところから始まり、紀元前２３１年に高漸離が秦始皇帝を暗殺したところまでが描かれている。文辞は優雅であり、描写は活力に満ち、雄弁と機知に富み、人物の描写は絵に描くが如きである。寓話を以って道理を説き、有名な言葉として「蛇足を画く」「狡兎三窟《こうとさんくつ》」「亡羊補牢《ぼうようほろう》」「虎の威を借る狐」「南轅北轍《なんえんほくてつ》」などがある。『戦国策』は一人の作者に由るものではなく、また書物としても一時にして編纂されたわけではない。書中の文章の多くは作者不詳である。西漢末に劉向が33篇を編定し書名を定め、宋代には一部失われたが、曾鞏によって補われた。東漢の高誘が付けた注があったが、現在は一部失われている。宋代に鮑彪が原文の順序を改変し、新注を付けた。現代の繆文遠によって『戦国策新注』が著された。

「何事もはじめが一番難しい」とはよく言われる言葉だが、日常生活での体験を細かく見ていくと、うまくやり遂げることの方がより難しいことが分かる。「百里を行く者は九十を半ばとす」とはこの道理を述べているのである。例えば1冊の書物を読もうとするとき、初めは面白いが、後ろに行くにしたがって考えるべきことが多くなり、目も次第に疲れてきて、読み終わらないうちに諦めてしまうことも少なくない。結果的に、子供がよく言う「本を読むのは半分だけ、ご飯を食べるのも半分だけ」という言葉のように中途半端になってしまうのである。

人としてのふるまいにも同じことが言える。多くの人は社会に出る際に、潔白な人間になろう、清廉な官員となろう、社会を変革して、民衆を幸せにしようと志を立て、実際にそれを実現しようと長く奮闘するものだが、社会的地位が徐々に上がり、受ける誘惑が徐々に増えていくと、自らを制御しきれなくなり、ついには規律違反や違法行為に手を染め、投獄されて舞台から姿を消すのである。このような教訓から深く学び取れることは、信念の喪失や自制心の不足が鍵となるということである。なので、人生価値観というボタンを留める際には、第一ボタンだけをしっかり留めるのではなく、ひとつひとつを丁寧に、最後まで留め続け、決してあと一歩というところで台無しにしてはならない。

氷凍三尺　一日の寒に非ず

【出典】東漢・王充『論衡・状留編』[1]

【原文】故に夫の河冰の結合するは、一日の寒に非ず。土を積み山を成すは、斯須の作に非ず。

【解釈】氷が3尺の厚みに達するのは1日の寒さによるものではない。ある状況には、そこに至るまでの時間的蓄積があるということ。何が起こるにせよ、潜在的、長期的な要因が存在し、突然に発生したわけではないということ。

1　『論衡』、東漢の王充の選。王充（27—97年）、字は仲任。祖籍は魏郡元城、会稽上虞の人。幼くして孤児となり、のちに上京して班彪の弟子となった。博覧強記で、一度目にしたものは決して忘れることがなかったという。仕官するも幾つかの郡県に任命されるのみであった。東漢に至ると儒学は支配的な地位を占めるようになっていたが、漢儒は次第に神秘主義的になり、讖緯の術が盛行するなど迷信的色彩を強めていった。その代表例として董仲舒の「天人感応説」や班固の『白虎通義』が挙げられる。神秘化した陰陽五行を基に自然や倫理、社会生活に対する解釈がなされ、人界の出来事は全て「天」や神秘的な力によって支配されているとされた。素朴な唯物主義、無神論的な色彩を持つ『論衡』は、この種の神秘思想に反論するため著された。『論衡』では道家思想を基に、「気」という概念を中心に宇宙創成の理論を打ち出し、生死は自然現象であると主張して、葬儀の簡素化を唱え、「迷い惑う心を悟って虚実の違いを見極めさせる。」ことを図った。『論衡』では漢代の儒学を批判するにとどまらず、先秦以来の各種思想流派に対しても批判を行い、礼法、鬼神、性命、性善説や性悪説などに対して論理的に見解を述べるなど、中国哲学史上画期的と呼ぶに相応しい作品である。袁崧は『後漢書』にこう記している。「蔡邕、呉に入るや、始に之（『論衡』）を見、以って談の助と為す。談助の言、以て此の書を了《さと》るべし。其の論は允愜《いんきょう》（的確）と云うべし。此れ以て之を攻むる所の者衆《おお》けれども、之を好む者は終に絶えず」と。

古代の哲人は「蓄積」に関する道理を多く残している。老子曰く、「九層の楼は土を累(かさ)ぬるに起こり、千里の行は足下に始む」と。また荀子曰く、「跬《かたあし》の歩を積まざれば以て千里に至る無く、小流を積まざれば以て江海を成す無し」と。王充の言葉も同様の意味を表している。「共産主義は一日にして成らず」、何事も、量的変化から質的変化への移行を経ねばならないというのは客観的規則である。一口だけ食べて太るような幻想を抱いてはならないのと同様に、一足で共産主義に踏み入るような幻想を抱いてはならない。また翻って、社会に蔓延る多くの弊害もまた長きにわたる蓄積の結果であり、生糸を引き出し蚕の繭を解いていくように慎重に取り組まねばならず、縺れた縄を解くように焦ってはならない。これは決して歴史宿命論を唱えているのではない。眼前の機会を掴めるか否かは各人の能動性にかかっている。こうした観点からみると、「一つの世代の人間には、その世代が為さねばならない行為、貢献、払うべき犠牲がある」という言葉は非常に正確である。我々は社会矛盾の責任を上の世代に推しつけることはできず、また為すべきことを怠けて矛盾を子孫に残すわけにもいかない。改革とはリレー競争のようなものであり、どの世代にも怠けてよい理由などないのだ。

聴《さと》き者は無聲を聴き、明るき者は未形を見る。

【出典】東漢・班固『漢書・伍被傳』[1]

【原文】聴《さと》き者は無聲を聴き、明るき者は未形を見る。

【解釈】聡明で思慮深い人は、観察、思考、弁論、また徹底的追及に優れているため、事物が展開していく規則や発展の方向を掌握し、正確な判断を下して、未来を察知することができる。無声を有声とし、無形を有形とするというのは、先見の明があるということである。

1 『漢書』はまた『前漢書』と称され、主に東漢の歴史学者班固によって編纂された、中国の紀伝体史書「二十四史」の一つである。『史記』『後漢書』『三国志』とともに、あわせて「前四史」と称される。西漢の高祖元年（前２０６年）から新朝王莽の地皇４年（23年）までの２３０年が記述されている。『漢書』の内容は紀12篇、表８篇、志10篇、伝70篇から成り、合わせて１００篇である。後世の人により１２０巻に纏められ、合計80万字ある。『漢書』の文言は厳粛かつ精緻で、韻文や古字古詞が多用され、その文体は非常に典雅であり、『史記』の平易な口語化した文章とは鮮明な対比をなし、文学史上の経典作品といえる。

中国医学にはこのような格言がある。「上等な医者は未だ病でない者を治し、中等の医者は病に罹ろうとしている者を治し、下等の医者が既に病に罹っている者を治す」。事物の発展というものは必ず段階を踏むものなので、聡明な医者は長期にわたる人体の生長規律を把握して、疾病の予防という目的を果たすという。これは我々が常に唱えてきた、歴史の規律と大勢の行く末を把握せよ、というのと同じ道理である。「音の立たぬうちに雷を聞く」、これこそが真の大いなる智慧と言える。個人であれ国家の統治者であれ、長期的な歴史観を育成することは常によいことである。誰もが歴史の流れに身を置いており、流れに身をもまれながら、自身もまた歴史を創っていく。しかし、その歴史は果たして「正の歴史」となるだろうか、それとも「負の歴史」となるだろうか。つまり、歴史の前進を扶けるものとなるのか、それとも邪魔してしまうのか。歴史上には多くの成功例があるが、一方で更に多くの悲惨な教訓も残されてきたのだ。歴史の転換点を迎えるたびに、先見の明のある者と無い者とが常に妥協できるとは限らず、甚だしくは賢者が愚者の犠牲となることさえある。歴史はかくも冷酷な道を辿って荒唐無稽を綴ってきたのだ。嘆くべし。

志《こころざし》有《あ》る者《もの》は事竟《ことつい》に成《な》るなり

【出典】南朝・范曄『後漢書・耿弇傳』[1]

【原文】将軍《しょうぐん》前《さき》に南陽《なんよう》に在《あ》りて、此《こ》の大策《たいさく》を建《た》つ、常《つね》に以為《おも》えらく、落落《らくらく》として合《あ》わせ難《がた》きも、志《こころざし》有《あ》る者《もの》は事竟《ことつい》に成《な》るなり、と。

【解釈】志のある者はやがて成功する。

1 『後漢書』は南朝宋の歴史学者、範曄によって編纂された、東漢の歴史を記載した紀伝体史書である。書は10紀、80伝と8誌（司馬彪が創作を受け継いだ）から成り、主に東漢光武帝の建武元年（西暦25年）から献帝の建安25年（西暦220年）まで、あわせて195年の歴史が記載されている。

この故事成語の意味を更に人口に膾炙した言葉で言い換えると、蒲松齢が自らを戒めた次の名句の通りである。「志のある者はやがて成功する。項羽が釜を破り船を沈め、難攻不落とされた秦の関が、全て楚のものとなったように。天は苦心する者を無下にはしない。句践が臥薪嘗胆し、三千の兵を率いて呉を滅ぼしたように」。歴史を顧みれば、まず初めに志を立て、それを目標とし己の進む方向とすれば、決して自ずと逸れることはない、ということが分かる。志には大小高低があるが、成果を得るためには、目標をやや遠く、志をやや大きく持たなければならない。行動を起こさないうちから覚悟が小さければ、凡庸な結果しか得られないからである。志が大きければ、その過程において大きな困難に突き当たることは免れないだろう。地に足をつけて行動し、継続を諦めず、臥薪嘗胆の心で困難に立ち向かってこそ、当初立てた志を実現し、初心を貫徹することができるのだ。

天地を形内に籠《おさ》め、万物を筆端に挫く。

【出典】西晋・陸机『文賦』

【原文】罄《つ》くして以て思いを凝らし、衆慮を眇《はる》かにして言を為す。天地を形内に籠《おさ》め、万物を筆端に挫く。始めは燥吻《そうふん》に躑躅《てきちょく》し、終には濡翰《じかん》に流離す。

【解釈】広大な天地を己の形象の内に収め、もつれあった万象を筆先に溶かす。

陸機のこの言葉は文芸創作における典型表現であるが、実に深い意義をはらんでいる。「文は天地を纏い、万物は心中にある」というのである。中国の伝統文化において、「文」は非常に高い地位を占めている。個人の修養にせよ官員の登用にせよ、みな「文」が必要とされてきた。陸機もまた「文」を非常に重視していた。単に言葉を散らし墨を用い、風花雪月への素朴な感情を綴る手段ではなく、天地の道や万物の命はみな「文」に宿るというのだ。

現代の視点からこの言葉を解釈すると、最も理解すべきなのは、この言葉が体現する責任感である。文芸創作にせよ、個人の修養にせよ、あるいは日常の仕事にせよ、みなすべて専門意識や人間性、社会的責任感が必要とされる。市場経済の下で、我々は「義」と「利」の関係をしっかりと見据えなければならない。物質的な利益を全く見下してはならず、また物質利益のみを追い求めてもならない。高度な責任感を持ってこそ、価値や美徳の追及を行えるのである。

上に法を取らば僅かに中たるを得、法を中に取らば故に其れ下となる。

【出典】 唐・李世民『帝范・崇文第十二』

【原文】 上に法を取らば僅かに中たるを得、法を中に取らば故に其れ下となる。自《おの》ずから上徳に非ざれば、効あるべからず。

【解釈】 上等なものを手本とすれば中等な結果しか得られず、中等なものを手本にすれば下等な結果しか得られない。

上に法を取らば僅かに中たるを得、法を中に取らば故に其れ下となる。李世民のこの言葉は老子の格言を引用したものであり、「逓減」の道理を表している。目標の基準を高く設定すれば、その結果は往々にして中等なものとなり、中等な目標設定をしてしまえば、おそらく結果は下等なものとなる、ということである。これは実に実際に即している。結局、理論と実践は多くの場合一致せず、各種の複雑な要因によって、「十中八、九は意のままにならない」のである。

裏を返せば、この言葉はこのようにもとれる。下等な結果のみを得ようとするならば、目標は中等に設定せねばならず、より良い結果を得たいのならば、目標はさらに高く設定する必要がある。李世民の言葉は自身に、また後継者たちに対する要求を表している。まずは己に高い目標を課し、聖賢の教えに範をとり、歴史を鑑みてこそ、自らの治世がよりよくなるということである。

この言葉は個人の修養に対しても同様に言える。「上に比べれば劣るが、下と比べればまし」な結果に甘んじるようでは、永遠に上等な結果を出すことはできない。所詮この世界には、己より才覚に優れ、また己より努力している人が大勢いるのだ。ひたすらに己より優れた人間を手本とすることで、絶えず追いつき追い抜こうとする気力が沸き上がり、絶え間ない追い上げと奮闘の中にあってこそ、自らの人生に意義を見出すことができる。志を高遠に保ち、「天涯の路を望み尽くさんと」追い求め、「昨夜、西風碧樹を凋《しぼ》ます」寒さと「独り高楼に上る」孤独に耐え、たとえ「衣帯漸う寛《ゆる》」もうとも「終には悔いず」、「人、憔悴」すれども諦めずしてこそ、ようやく「衆の裏《うち》に他《かれ》を求めること千百度」、「驀然《ふと》首を回せば、那《か》の人却って燈火闌珊《よわ》まる処に在り」とされる境地に至ることができる。

人事に代謝あり、往来は古今を成す。

【出典】 唐・孟浩然『与諸子登峴山』

【原文】 人事に代謝あり、往来は古今を成す。江山勝跡を留め、我が輩復た登臨す。水落ちて魚梁浅く、天寒くして夢澤深し。羊公の碑尚《なほ》在り、讀み罷はりて涙襟を沾ほす。

【解釈】 世間の事物はみな移ろいゆくものであり、過ぎ去る日々は今となり、また古となる。

歴史に思いをはせることは、中国伝統文化において非常に重要な位置を占めている。中国の明文化し記載するという伝統は世界で最も長く、また世界中を見渡しても、中国人ほど連綿と深く歴史を愛し、研究を行っている種族は殆ど見られない。中国の、大洋のごとく広大な古詩の世界には、「詠史」という独特な題材さえある。

現代において、歴史にはどのような効用があるのだろうか。古人は常に「史を以って鑑と為す」と言っていた。人類社会の興亡と発展、およびその過程における成績、挫折、経験、回り道などは、みな歴史記録が我々に教訓として与えるものである。歴史を忘れることは裏切りを意味し、歴史があってこそ、我々は自身が何処から来てどのような道を辿り、どこへ行くのかを知ることができる。中国を読み解き、中国で活躍しようとする人々にとって、歴史とは読み尽くすことのできない大著であると言える。

「剛《こころづよき》日に経を読み、柔《こころよわき》日には史を読む」とは、古代の読書人の典型的習慣であった。この習慣は我々に以下の教訓を与えてくれる。「経」のみに依って人としての振る舞いや行動、処世の原則、治世の手腕を学ぶのではなく、歴史と組み合わせてこそ、現状にとらわれず、古今を縦横して思考することができるのだ。

千淘万漉《せんとうばんろく》、辛苦なりと雖も、狂沙を吹き盡くして始めて金に到る。

【出典】唐・劉禹錫『浪淘沙九首』

【原文】道《い》ふ莫《なか》れ、讒言は浪の如く深しと。言ふ莫れ、遷客は沙《すな》に似て沈むと。千淘万漉《せんとうばんろく》、辛苦なりと雖も、狂沙を吹き盡くして始めて金に到る。

【解釈】何千回、何万回と泥を濾す作業は大変だが、濾し終えてこそ輝く黄金が現れる。

俗に「黄金はいずれ輝く」と言うが、これは手中の物が本当に黄金であることが前提である。孔子はこう言っている。「人の己を知らざるを患えず、その不能を患うるなり」と。つまり、他人が自分のことを理解してくれないと嘆くのではなく、自身の能力が低く、その水準に達していないことを嘆くべきであると言っているのである。また孔子はこうも言っている。「人の己を知らざるを患えず、人を知らざるを患うるなり」と。つまり、人が自分を理解してくれないと嘆くのではなく、人への理解が足りないことを嘆くべしということである。この二つの言葉はともに世間の相互認識について語っている。他人に自身を知らしめるにせよ、自分が他人を理解するにせよ、どちらも道理は簡単で、落ち着いた態度と千淘万漉の意志が肝要であり、その鍵は絶え間なく自身を磨き続けることである。いわゆる「路遥かなりて馬力を知り、日久しくして人心見ゆ」という言葉も同じ道理を表している。

千里の目を窮《きわ》めんと欲し、更に上る一層の樓。

【出典】唐・王之渙『登鸛雀楼』

【原文】白日は山に依りて盡き、黄河は海に入りて流る。千里の目を窮めんと欲し、更に上る一層の樓。

【解釈】尽きせぬ壮観を目にしたいのであれば、より高く登らねばならない。つまり、より大きな成果を収めるためには、さらに努力する必要があるということ、何らかの問題を打開するためには、より高い視点から見てみることも必要だということのたとえ。

中国人は「格局」という2字を用いて度量や品位を表わすことを好む。各人には各人の格局があり、ある人は格局が狭く、事あるごとに損得を図り、またある人は格局が広く、視野を広く持つことができる。

また国にも国の格局があり、閉鎖的かつ夜郎自大で、歴史の大勢に呑まれて消えていく国もあれば、開放的で虚心に学び続け、どこまで伸び続けるか計り知れない国もある。人間もまた歴史に揉まれて生きている。歴史の大潮の中で、その多くは砂泥の下に埋もれたり、波に呑まれてしまう。

歴史を見ると、個人にせよ国家にせよ、その伸びしろは統治階級の知識や視野に依るところが大きく、また多くの歴史的転換点において、彼らは判断能力を失ってきた。大航海時代の到来を迎え、中国は逆に海禁政策を行ってしまった。工業化の波が押し寄せた際も、中国は千年間続いた小規模耕作に拘ってしまった。

よく知られているように、三十数年前、中国は情報化時代の幕開けを察知し、改革開放を行ったことで、中国は様変わりした。「千里の目を窮めんと欲し、更に上る一層の楼」、多くの人が目の前の風景に酔いしれ、更に広い景色を望むことを忘れてしまったようだ。楼を上るも一種の勇気と言える。

道ふ莫れ桑楡は晩たりと、霞となりて尚ほ天に満つ。

【出典】唐・劉禹錫『酬楽天詠志見示』

【原文】

人　誰か老ゆるを顧みず　老い去りて誰か憐れむ有らん
身は痩せて帯頻減し　髪稀にして冠自ずから偏ず
書を廢して縁りて眼を惜しみ　多く炙して隨年を為す
事を經て還た事を諳んじ　人を閱すること川を閲するが如し
細に思えば皆幸ひなり　此れを下さば便ち翛然《ゆうぜん》たり
道う莫れ桑楡は晩たりと　霞となりて尚お天に満つ

【解釈】日が桑や楡《にれ》に至ったことを黄昏と言わないでくれ。その光は空を紅く染め、なによりも輝いている。余裕をもち、人生を楽観的に見ることのたとえ。

中国共産党は常に老同志を重視し、尊敬してきた。かつての革命と改革において、彼らが残した功績が多く、尊重に値するからというだけではなく、彼らは経験が豊富であり、今日の改革発展においても未だに貴重な宝といえるからである。

彼らが打ち立てた栄光ある歴史は重視されるべきであり、彼らの伝統と優れた品性は讃えられ続けるべきである。全社会に老同志を尊重し、愛護し、彼らに学ぼうという雰囲気があってこそ、老同志たちも人生に楽観的に向き合うことができ、引き続き「二つの百年」の奮闘目標を達成し、中華民族の偉大なる復興における「中国夢」の実現に貢献することができる。

師は道を傳へ業を授け惑ひを解く所以なり

【出典】唐・韓愈『師説』

【原文】古の學ぶ者には必ず師有り。師は道を伝え、業を授け、惑いを解く所以なり。

【解釈】師とは、道を伝え、学業を助け、疑問を解く者である。

唐の韓愈はこう言った。「師は道を伝え、業を授け、惑いを解く所以なり」と。教師たるもの、「道を伝える」ことが最も重要であり、学業の指導はその次、疑問に答えることはさらにその次と言える。まず初めに「伝道」すべきことは「理想信念」である。善き教師たるには理想信念が必要とされ、それを欠いた人間が善き教師となることは想像できない。陶行知先生はこう言った。教師とは「千教万教、人をして真を求め教む《し》」者であり、学生とは「千学万学、学びて真の人と做る《な》」者であると。個人の場合もまた同じである。まずは理想信念を抱き、次にその分野への理解を深めていけば、自ずと疑念は減っていく。孔子曰く、「吾十有五にして学に志す。三十にして立つ。四十にして惑わず。五十にして天命を知る。六十にして耳順《したが》う。七十にして心の欲する所に従えども、矩《のり》を踰《こ》えず」と。まず初めに「志」があり、「立」「不惑」はその後ろにあるのだ。

経師は求め易く、人師は得難し。

【出典】唐・令狐徳棻、岑文本、崔仁師『北周書・盧誕傳』

【原文】魏帝詔して曰く、経師は求め易く、人師は得難し。朕諸れ兒なれども稍く長ずれば、卿をして師たらしめんと欲す。

【解釈】専業知識を人に授けること、すなわち「経師」となることは難しくない。己の学識と高尚な人格を以って、人に生き方を教えること、すなわち「人師」となることは難しい。

古人曰く、「経師は求め易く、人師は得難し」と。学問を教授できる教師は簡単に見つかるが、人としての生き方を教えることのできる教育者は稀である。優秀な教師となるには「経師」かつ「人師」となり、学問を教授し、学生の疑問に答えたうえで、人としての生きる道を伝える責務を負わなければならない。同様に、各個人においても、業務に精通することは当然として、同時に理想信念を持たなければならない。官員に関していえば、人徳と才能を兼ね備えることが必要であるが、まずは徳を修めてこそ、国家の管理をこなし、自らを統制することができる。人としてのふるまいにおいても模範となるよう努力せねばならない。

博観して約取し、厚積して薄発すべし。

【出典】北宋・蘇軾『稼説送張琥』

【原文】嗚呼、吾子《ごし》其れ此《ここ》を去らば学に務めよ。博観して約取し、厚積して薄発すべし。吾《われ》、子《し》に告ぐるは此《これ》に止《や》む。

【解釈】広範な知識を有してこそ、その精たるものを抜き出すことができる。豊富な蓄積があってこそ、思いのままに使いこなすことができる。

中華民族は古来より学習を重視している。学習にも方法があり、「博観して約取し、厚積して薄発す」ことや「三人行けば、必ず我が師有り。其の善なる者を択《えら》びて之に従い、其の善ならざる者にして之を改む」といったことが強調された。「博《ひろ》くこれを学び、審《つまび》らかにこれを問い、慎んでこれを思い、明らかにこれを弁え、篤くこれを行う」べきであるというのである。

個人や与党にも同じことが求められる。中国共産党はかねてより全党、特に党幹部の学習を重視し、これが党と人民事業の発展において大きな成果を挙げてきた。学習は誰かが先頭に立ち行わねばならないとの理念のもと、およそ月に一度、中共中央政治局が集団学習を行うことになっている。学業を好んでこそ向上することができる。また「之を知る者は之を好む者に如かず。之を好む者は之を楽しむ者に如かず」というように、学習には興味が必要である。

このほかにも、「学びて思わざれば則ち罔《くら》し、思いて学ばざれば則ち殆《あやう》し」というように、学習には問題意識や方向性意識も必要とされる。また当然ながら、学習に際しては時間管理に長けていなければならない。仕事改革を進めるため、中央は学習や思考をより多く、無用な接待や形式主義的な物事をより少なくすべきであると強調してきた。「リーダーは必ず学習を重視せねばならない。飢えるように学習し、1日に30分でも多く時間を絞り出し、数頁の読書でも堅持してゆけば、集めた砂が塔になるように、重ねた歩みが千里に至るように、いつかは大きな成果をもたらす」と。

文は八代の衰を起し、道は天下の溺を済《すく》う。

【出典】 北宋・蘇軾『潮州韓文公廟碑』

【原文】 文は八代の衰を起し、道は天下の溺を済《すく》う。忠は人主の怒りを犯すも、勇にして三軍の帥《すい》を奪う。此れ豈に天地に参つに非ざるや。盛衰に関するは、浩然として独り存する者ならんや。

【解釈】 彼の文は八代以来衰退していた文壇を復興し、彼は道理を推し広め、堕落に溺れた天下の人を救い出した。

これは蘇軾が韓愈を賛美した名句であり、彼が中心となって進めた古文運動の文学史への貢献を讃えたものである。古文運動とは、唐朝において駢体文が占めた支配的地位を覆し、秦漢の優れた散文を復活させるため、韓愈が柳宗元とともに起こした運動である。これは現在の我々にとっても教訓となりうる。現在我々が文章を書く際にも、できる限り明確に分かりやすく、読者に負担をかけることなく、作者の意思を伝えるべきである。

百尺竿頭一歩を進む

【出典】北宋・釈道原『景徳傳灯録』[1]

【原文】一偈に示して曰く、百尺竿頭不動の人、然も得入すといへども未だ真となさず、百丈の竿頭須らく歩を進むべし。十方世界是れ全身、と。

【解釈】修行によって百丈の竿の先端まで至ったとしても、そこで満足して休んではならない。さらに歩みを続けてこそ、より大きな成長を得られる。

1 『景徳傳灯録』は宋の真宗年間に釈道元によって編まれた禅宗灯史であり、その内容は過去の7仏の箴言、及び歴代禅僧とその諸祖、5家52世、計1701人を記した傳灯法系である。道元は編纂を終えると書を献上し、真宗は楊億らに命じてこれを大蔵経に編入した。『景徳傳灯録』は宋、元、明にわたって広く流行し、特に宋代の仏教文壇に非常に大きな影響をもたらした。

進歩には終点などなく、怠れば必ず退歩する。これが所謂「百尺竿頭一歩を進む」である。百尺竿頭とは即ち百尺もの長さを持つ竿のことであり、仏教修行の高い境地を指し、「百丈竿頭」とも称される。学問や何らかの成果が「百尺の竿」の先端に達し、非常に高い程度に辿り着いたとしても、なお努力が必要である。この進取の精神は個人のみに当てはまるものではない。国家に関して言えば、中国経済の発展は順調であるが、中国は未だに強力な危機意識を堅持しており、何らかの問題が発覚するや「経済新常態（ニューノーマル）」「供給側の構造調整」などの概念を提出し、絶え間なく各領域の改革を進めている。外交においては、中国は常に平和発展の道を説いており、中国と友好諸国との協力関係構築を強調している。百尺竿頭、一歩を進む。ともにより良き未来を開き、平和で穏やかな繁栄の新章を描いていくべきである。

玉琢《みが》かざれば器《うつわ》を成さず、人学ばざれば義を知らず。

【出典】『三字経』[1]

【原文】玉琢《みが》かざれば器《うつわ》を成さず、人学ばざれば義を知らず。

【解釈】玉《ぎょく》は、磨いたり彫刻を施さなければ、美しい器となることがない。人は学ばなければ「義」の何たるかを理解することができない。

1 『三字経』は中国伝統の啓蒙教材であり、中国古代の経典の中で最も読みやすい読本の一つである。『百家姓』『千字文』と併せて蒙学3大教材とされ、「三百千」と称される。『三字経』の中心的な内容は「仁、義、誠、敬、孝」である。

古人曰く、「君子の温潤なること玉の如し」と。玉とは美しい石のことで、君子とは高尚な人間のことを指す。玉は荒く雑多な石の中に埋もれており、磨いたり彫ったりしなければ、如何に美しい玉の原石といえど、人々に愛惜される器にはなりがたい。同様に、君子とは天性のものではなく、絶え間ない学習を積み重ねてこそ義の本質を悟り、君子が出来上がるのだ。孔子以来、中国の古人は君子と小人の別を重視し、常に君子とは高尚な道徳によるものであり、高貴な血統によるものではないと強調されてきた。何を以って君子たるに相応しい高尚な道徳とするのだろうか。即ち「義」を理解し、教導していくことである。「義」とは時代とともに発展していく概念であり、その時代の核心的な価値観を指す。今日の我々においては、社会主義核心価値観の継続的、反復的な学習と実践を通して当代の「君子」となることができ、「愛国、敬業、誠信、友善」の心を持った大国の公民となることができる。

工夫を凝らせば、鉄杵も針となる。

【出典】『方輿勝覧・眉州・磨針溪』[1]

【原文】世に伝わくは、李白、象耳山に書を読み、学業未だ成らざるに即ち棄てて去らんとす。渓是《これ》を過ぎ、老媼《ろうおう》の方《まさ》に鉄杵《てつしょ》を磨かんとするに逢う。之に問わば、曰く、「針を作らんと欲す」と。太白其の意に感じ、還りて業を卒《お》う、と。

【解釈】決心し、工夫を凝らせば、如何に難しいことも成し遂げることができる。

1　『方輿勝覧』は南宋の祝穆が編纂した地理書であり、全70巻ある。おもに南宋の臨安府が所轄する地区の郡名、風俗、人物、詩歌が記載されている。

賢明な我々の視点から見れば、この老婆は恐らく痴呆症であったことがわかる。鉄杵を磨いて1本の針を作りだそうなど、コストがあまりにも高く、利益があまりにも低く、全く合理的ではない。この老婆は学堂の教師が手配した演者かもしれないが、それはともかく、我々はこの誇張された伝説を借りて道理を説いてみよう。

この故事から読み取れる道理は非常に単純で、堅持することは難しい、ということである。中国人の修行は身近なところで行われる。水を沸かすこと、柴を借ること、念仏を唱えること、食事をすることなど、修行でないものがないほどだ。

しかし、水を沸かしながら柴刈りのことを考えたり、念仏しながら食事のことを考えたりと、心が落ち着かず非効率な人もいて、こういった人々はやることばかり多くなり、成果はかえって半分もない。よって、中国哲学を学び始めたばかりの多くの人は非常に簡単なことだ言うが、彼らは中国の学問が「知行合一」の学問であることを全く理解していないのである。聖人や仁者となるためには、言葉を弄するのではなく、行動し、実践することが必要なのである。

金に赤《せき》足るは無し、人に完人無し。

【出典】宋・戴復古『寄興』

【原文】黄金に色《しょく》足るは無し、白璧も微《かす》かに瑕有り。人を求むるに備えを求めず、妾《しょう》君の家にて老ゆるを願う。

【解釈】この世界に十全な人間など存在せず、金にも完全な純金は無い。人には長所と短所がある。また、人の僅かな瑕疵や欠点を咎めてはならないという比喩。

「人に完人無し」という言葉は二つの視点から見ることができる。一つは、この世界に「完全な人はいない」という事実を認め、他人を責めてはならないということだ。所謂「水清きに至らば則ち魚無し」、「海百川を納め、容ること乃ち大なり」というように、人としての器が最も鮮明に表れるのが、人に対する寛容さである。己と異なる意見を持つ者を受け容れるのと同様に、他人の失敗や過ちに対しても寛容に接しなければならない。一方で、「人に完人無し」という言葉は自身に対する一種の警告とも解釈できる。自分は完璧な人間ではないとはっきり認識してこそ、心持ちを正常に保ち、他者に間違いを指摘された際も理性的に考え、己の意見に拘って変更を拒むのではなく、虚心に受け容れることができる。つねにこのことを認識してこそ、虚心な態度を保ち、絶え間なく進歩し、己を更なる高みに導くことができる。

門を閉じ句を覓むるは詩法に非ず、只だ是れ征き行かば自ずと詩有り。

【出典】 宋・楊万里『下横山浜頭望金華山四首その二』

【原文】 山に江情を思わば伊《こ》れ負わず、雨姿晴態総じて奇を成す。門を閉じ句を覓《もと》むるは詩法に非ず、只だ是れ征き行かば自ずと詩有り。

【解釈】 門を閉じて詩句を求めるのは正しい作詩方法ではない。門を出て遠くへ出かけてこそ良い詩を書くことができる。

「門を閉じて車を造る」「井《せい》に坐りて天を観る」など、中国にはこれと似た意味を持つ諺が多くある。外に出て世界を見、社会生活に深く身を投じなければ、詩作にせよ他の創作活動にせよ、深みのある作品を作り出すことはできない。ゆえに古人は「万巻の書を読み、万里の路を行く」ことを強調したのである。読書と行路は同じく重要であり、或いは行路の方が更に大切かもしれない。司馬遷から李白、徐霞客に至るまで、中国の文人には若いうちに「壮遊」する伝統があった。若年期に旅に出て広大な天地を目にすることは、創作に対しても、人格形成に対しても、世間への視点を形成することに対しても、極めて良い影響がある。

なぜ「壮遊」や「征行」が強調されるのだろうか。それは己の世界を広げるからである。ある人が一つの場所で同じような時間ばかりを過ごし、自身を己の世界に閉じ込めるようなことは、生命として不健全である。所謂「見多くして識広し」とはこのことを示している。自身を己と異なる集団の中に投入し、そこで生活を送り、異なる風俗、習慣を知り、加謬の「そこに生きる人々が如何に生活し、愛しあい、死んでいくのかを見る」という言葉のようにしてこそ、人類に対する理解をより完全に近づけることができる。

時窮まれば節乃ち見《あら》われ、一一丹青に垂る。

【**出典**】南宋・文天祥『正気歌』

【**原文**】

皇路清夷に当たれば
和を含んで明庭に吐く
時窮まれば節乃ち見《あら》われ
一一丹青に垂る
齊に在っては太史の簡
晉に在っては董狐の筆

【**解釈**】危機に際してこそ、その人の節度が現れる。そのような中でも節度を保てる人々は、やがて歴史に名を遺す。

かつて二十世紀に一世を風靡した哲学流派である存在主義には、以下のような核心的観点がある。ある人がどのような人物か判断するためには、その人が肝心な時にどのように振舞うかを見ればよい、というのだ。これは文天祥の詩句と図らずしも一致している。天下が太平で世が栄えている時期に声高にスローガンを唱え、賛歌を歌うことは何も優れたことではない。国家が存亡の危機に立たされた際に身を挺してこそ、真の英雄行為と言える。文天祥は詩の中で中国の歴史上に現れた英雄たちとその足跡を列挙している。例えば、張良が博浪沙で秦の始皇帝に長椎を投げたことや、蘇武が砂漠で19年間牧羊したこと、世俗に流されることを厭うた嵇康や戦に身を投げた諸葛亮などである。そして文天祥自身も、国家衰滅に際してその身を捧げ、歴史に美名を遺した。近代に入ると、救亡図存の啓蒙活動から轟轟たる抗戦に至るまで、独立、解放、自由のために無数の志士がその身を捧げた。いつの時代も時代が英雄を呼び、理想信念のために命を惜しまない精神を呼び寄せる。平和な時代に在りながらこのような自己犠牲の精神を語ることは、決して奢侈ではない。結局、いつの時代にも壮大な歴史目標があり、それらはみな全民族的で自主的かつ堅実な行動が必要とされるからだ。

路遥かなりて馬力を知り、日久しくして人心見《あら》わる。

【出典】元『争報恩』[1]

【原文】路遥かなりて馬力を知り、日久しくして人心見《あら》わる。

【解釈】行程が長くてこそ馬の力の大小を測ることができ、交友期間が長くてこそ人心の良しあしが分かる。

1 『争報恩』は元朝に編纂された編者不詳の書であり、またの名を『三虎下山』という。もとの名は『争報恩三虎下山』といい、梁山の好漢である関勝、徐寧、花栄らが悪を挫き正しきを扶けるという内容の演劇である。

かつては「五百年待ち後人に論定せしむ」という言葉があった。形勢がはっきりと分からないときには座して待ち、ある人の本質がよく分からない場合も静かに観察を続ける。時間こそが最も優れた検査官だからである。幹部審査にもこれと同じことが言える。我々がより多くの若い幹部を基層へ赴かせ、そこで研鑽し、挫折をも味わうべきだと強調するのは、まず一つ、党基層の生態が複雑であり、複雑さの中にあってこそ、その人間の真の姿と能力を見ることができるからである。またもう一つ、一旦昇進コースに乗ってしまえば、その人間は容易に浮薄になり、職級が上がろうとも本人の能力は向上せず、組織もまた長い時間にわたって組織内の幹部に対し詳細な評価を行うことが出来ないからである。よって、我々が幹部を養成する際には、研鑽期間をより長く、鍛錬の舞台をより多く設けることを厭わず人材を育成し、厚積薄発する必要がある。

志を立てざれば、天下に成すべき事無し。

【出典】 明・王守仁『教条示龍場諸生』

【原文】 志を立てざれば、天下に成すべき事無し。百工技芸と雖も、未だ志を本《もと》とせざる者は有らず。今学びし者、曠廃隳惰《こうはいきだ》にして玩歳愒時《がんさいかいじ》、百に成す所無かるは、皆《みな》志の未だ立てざるに由るのみ。

【解釈】 志が無ければ、成し遂げられることは天下に一つもない。

志に関する格言は非常に多い。王陽明が語った上記の言葉は「立志、勤学、改過、責善」の中の基礎である。人は理想を欠いてはならず、合作には方向性を欠いてはならない。我々は未来に向かい、指導的地位に就くために、大いに計画を立て、自ら局面を創り出さねばならない。個人に関して言えば、立志とは、事前に明確な目標を立て、目標が定まればそれに向かって努力してこそ達成できる、ということを表している。このような古い言葉がある。志を立てる以上は大志を抱け、と。

学は知疑を貴しとす。小疑あらば則ち小進し、大疑あらば則ち大進す。

【出典】明・陳献章『白沙子・与張廷実』

【原文】学は知疑を貴しとす。小疑あらば則ち小進し、大疑あらば則ち大進す。疑は覚悟の機なり。

【解釈】学習において重要なことは、思考を通して合理的な疑問を抱くことである。小さな疑問は小さな進歩をもたらし、大きな疑問は大きな進歩をもたらす。

追求心のある人は、一生が絶え間ない学習の内にある。そして学習の過程において、読書のみに腐心することは一種の浪費に過ぎない。所謂「尽《ことごと》く書を信ずるは書無きに如かず」という言葉は、学習には自身の思考が必要であるということを表している。

「学は知疑を貴しとす」の「疑」は道理なき疑いや偏執を意味しているのではなく、理性的な思考の基礎の上で、権威や新たな知識に対して自分自身で思索する姿勢を貫くということである。「学びて思わざれば則ち罔し、思いて学ばざれば則ち殆《あやう》し」とは正にこの道理を表している。一個人の仕事であれ、国家全体の発展であれ、みなこの通りである。我々には他人の経験を参考にし、他者が己より優れている点を学び、先進的な手法を受け入れる必要がある。このような姿勢は学業のみならず、己の態度にも適用し、既存の知識に甘んじないようにしなければならない。

疑問を抱き、自分で思索を重ねてこそ、突破点や革新点を見出し、先人を超え、己の進歩を真に実現することが出来る。

世事の洞明は皆学問にして、人情の練達は即ち文章たり。

【出典】清・曹雪芹『紅楼夢・寧府上房対聯』[1]

【原文】世事の洞明は皆学問にして、人情の練達は即ち文章たり。

【解釈】世間への理解を深めることはみな学問であり、人情への理解を深めることはみな文章である。

1 『紅楼夢』は中国古典における四大名著の一つであり、清代の曹雪芹によって書かれた章回体長編小説である。またの名を『石頭記』『金玉縁』という。

沈从文はかつてこう言った。書籍という「小書」だけを読まず、社会という名の「大書」をも読まねばならないと。文学創作に関して言えば、人性を洞察し、社会を描写することが核心的部分であり、一個人の修身に関して言えば、学校や書籍は知識を得るだけの場所ではなく、どのように振舞い、人と交際し、人生の方向を見定めるための場所でもある。各個人においては、世事や人情も書籍の知識と同様に重要である。「人情の練達」がおそらく「世渡りの知恵」を表しているのに対し、「世事の洞明」はより高度な要求、すなわち社会の歴史的発展に関する論理をも含む認知を表しており、この種の認知は人情の練達を経て熟練されていくものである。

志士は年を惜しみ、賢人は日を惜しみ、聖人は時を惜しむ。

【出典】清・魏源[1]『黙觚・学篇三』[2]

【原文】志士は年を惜しみ、賢人は日を惜しみ、聖人は時を惜しむ。

【解釈】志ある人は年を、賢人は日を、聖人は一刻一刻を惜しむ。

1　魏源（1794—1857年）は清代の啓蒙思想家、政治家、文学家である。名は遠達で字は黙深、また他の字に墨生、漢士などがあり、号を良図という。漢族、湖南昭陽の人。近代中国において「目を開き世界を見よ」と唱えた知識分子の代表的人物。彼は論学は「経世致用」を旨とすべきと考え、「古変うること愈《いよいよ》大きければ、民に便すること愈甚だし」として変法を主張し、西洋の先進科学技術を学ぶよう唱え、また彼の「夷の長技を師とし、以て夷を制す」という主張は、世界を理解しよう、西洋に学ぼうという新たな潮流を生み出した。

2　『黙觚』は中国近代の思想家である魏源の著作であり、作者の哲学思想が記述され、内容は「学篇」と「治篇」に分かれている。この作品において、魏源は人材に関する多くの観点を叙述している。例として、才と徳の関係に関して彼はこう言っている。「専ら才を以って人を取り、必ず利口を致取すべし。専ら徳を以って人を取り、必ず郷願を致取すべし」と。

我々はみな「時は金なり」という格言を知っているが、おなじ額の資金が人によって異なる用途で消費され、得る物も異なるように、おなじ時間の使い道も人によって異なる。普通の人はその場しのぎで日々を過ごし、たまに気を抜いても気にかけることなく、一年また一年と時間が過ぎてゆき、そこでようやく何も価値あることを成さなかったと嘆く。このようにして「逝く者は斯くの如きか（時間は川の流れのように過ぎ去っていくものだ）」と嘆いたところで、いったい何の役に立つだろうか。真に向上心があり、理想や目標のある人物は、時間の使い方に気を配って、常に「時は我を待たず」という緊迫感を持ち、毎分毎秒を最大限に利用している。このように時間を惜しむ人に対しては、時間も相応の成果をもたらし、決して裏切ることがない。これを推し広げて言えば、国家の発展においてもこのような緊迫感が必要であると言える。短期目標や長期計画を定め、創新を追求し、世界の発展潮流を自ら率いる意識を持つ。このようにしてこそ真に強国の路を歩むことが出来るのだ。

斉家編

「斉家」は「修、斉、治、平」のうち中間に位置付けられ、一見その役割は大きくないように見えるが、家庭が社会生活の基本単位であることを鑑みれば、斉家の果たす役割は強調してもしきれないと言える。

今日の官員にとって、これは必修の一課である。第十八回中国共産党大会以来、反腐敗運動は著しい成果を挙げており、腐敗官員の審判、および中央巡視組が取り纏めた意見書の中には、幹部の子女に関する党紀違反が大きな割合を占める。多くの領導幹部が家人をうまく管理していなかったせいで、あるいは不正を認識しながら見て見ぬふりを続けたことにより、最終的にその身を貶めている。これは決して偶然のできごとではない。

「一人が官員となれば一族が繁栄する」という現象の本質は、幹部を取り巻く人間が権力に近すぎることであるが、このことによって腐敗が自然発生するのではない。本来、身辺の管理は、権力の正常な運行のための必修科目なのだ。

２０１４年、中国共産党中央政治局常務委員および中央紀委書記である王岐山は安徽省桐城にある「六尺巷」を訪れた。この全長１８０メートル足らず、幅僅か2メートルの街道こそ、まさに古人が求めた「斉家」の模範であった。かつて清代の大学士であった張英は、家族から一通の手紙を受け取った。隣家が我が家のそばの空き地を占用している、というのである。そこで張英は、その後延々と語り継がれることになる手紙を返した。「一紙の書来たるは只墻《かべ》の為、他《かれ》に三尺譲らば又何をか妨げん。長城万里猶（なお）未だ在り、当年秦始皇を見ず」と。家族はこれを読むと隣家に三尺を譲ったが、隣人はその義に感じ入り、かえって自ら三尺を譲ったという。これが六尺巷の由来である。

官員にとって、正常な家庭生活を送ることは仕事の進行においても大いに有益であることを認識しなければならない。「活動作風の改善、大衆との結びつきの緊密化に関する八項規定」と近年の厳重処罰の風潮が起こる前は、多くの官員が日々接待に疲れ、彼らが「斉家」の資格を満たしているとは考えられなかった。今日、公務員の身辺の人間を公務から遠ざけ、公務員たちも退勤後に正常な家庭生活へ戻るようになった。誰もが得をする局面を創り出すためである。

民生は勤むるに在り、勤むれば匱《とぼ》しからず。

【出典】『左傳・宣公十二年』[1]

【原文】民生は勤むるに在り、勤むれば匱《とぼ》しからず。

【解釈】人民の生計は勤労にかかっている。勤労すれば何も欠乏することはない。

1　『左傳』は中国古代の編年体史書の一つであり、儒家の「十三経」の一つである。春秋末期の魯国の史官であった左丘明が孔子の『春秋』を解釈するため著した書であり、全35巻ある。『左伝』は『春秋左氏伝』の略であり、元の名を『左氏春秋』といい、漢代以降に多く『左伝』と称された。『公羊伝』『穀梁伝』と併せて「春秋三伝」と称される。主に春秋期の事件が記されているが、書が完成したころには既に戦国時代となっていた。『左伝』には魯の隠公元年（前722年）に始まり、哀公27年（前468年）までの出来事が記載され、魯国の12公の順に並び、時間順に当時の各方面の歴史が記されている。本句は昭公7年（前535年）からの引用である。一部例外を除き、書の内容は3人称視点から叙述され、全書にわたって広い視野を以って書かれ、倒置や挿話など多くの手法が用いられている。この書は後世の歴史学に深い影響を与えるとともに、文学芸術としての評価も非常に高い。

労働の持つ意義は、この五千年にわたる悠久の歴史を持つ文明古国において、何度も証明されてきた。二つの手さえあれば解放を得られるということは、近現代に入って以来、我々が絶え間なく味わってきた真理である。労働が最も尊敬されるこの時代において、労働者は尊敬され、愛され、時代を創新し、また時代を率いていく。我々は毎年、労働節や表彰など各種様々な奨励形式を以って、全社会で労働を鼓舞し、労働者をこの社会が自然と向上していくための動力源としてきた。中国夢の偉大なる道程を歩むなかで、祖先から受け継ぎ、この時代において称揚され光り輝く労働精神こそ、我々の奮闘に力をみなぎらせ、保障を与える源である。

良薬口に苦けれど病に利あり

【出典】『孔子家語』[1]
【原文】良薬口に苦けれど病に利あり。忠言耳に逆らえど行いに利あり。
【解釈】良薬の多くは苦いものであるが、病を治すのに薬効がある。教示の多くは耳に快くないが、欠点を改めるのに必要なものである。教育に携わる者は他人の意見や批評を真摯に受け止めるべきである。

1　『孔子家語』はまたの名を『孔氏家語』といい、略して『家語』とされる。儒家類に属す著作であり、原書27巻、現在は10巻で、44篇ある。孔子及び孔子の門弟の思想や言行を記録している。今に伝わる『孔子家語』10巻44篇は魏代の王粛が注を付したものであり、書末に王粛の序と「後序」がある。

職場や何らかの組織に属していれば、少なくとも3人から5人、多ければ20、30の人間と行動を共にすることになる。互いに切磋琢磨し、協力し合い、進歩や創業を共にすれば、お互いの不足を指摘したり、自己反省せねばならない機会は免れない。これこそが我々が常々言っている「批判と自己批判」であり、中国共産党の「三大法宝」の一つである。

『孔子家語』のこの言葉は、批判の道理を表している。

まず、批判には二つの視点がある。批判する側と、される側である。そしてこの両者にはそれぞれ異なる態度が要求される。

批判とは問題点のみならず相手の魂にまで触れることであり、軽々しく行うことではない。また批判は耳に快いものではなく、時に対象の情緒を顧みず行わねばならないが、そのことによって批評を止めてはならない。批判される側に関して言えば、態度を正し、批判を同志の愛情、善意の表れととらえ、決して心に恨みを抱き、いつか晴らしてやろうなどと考えてはならない。

最後に、批判の目的は毛沢東同志が「党の作風を整頓する」の中に記した一分の中に表されている。「前に懲りて後に毖《つつ》しむ」、「病を治して人を救う」。これもまた『孔子家語』が「良薬は口に苦し」の言を以って「忠言耳に逆らう」を喩えた理由である。

利を以って交わる者は、利窮しければ則ち散る。勢を以って交わる者は、勢傾かば則ち絶ゆ。惟だ心を以って相交らば、方に其れ久遠と成る。

【出典】 隋・王通『中説・礼楽篇』[1]

【原文】 勢を以って交わる者は、勢傾かば則ち絶ゆ。利を以って交わる者は、利窮しければ則ち散る。

【解釈】 権勢を以って友を成せば、権勢を失うとともに友情も失われる。利益を以って友を成せば、利益が失われるとともに友情も終わる。

1　王通（580—617年）、字は仲淹、河東龍門の人。宦官や儒者を多く輩出する家系に生まれ、隋代に蜀郡司戸書佐となり、隋の大業末年、官を棄てて郷里へ戻り、著作と講学に専念し、河西の大儒となる。薛収、杜淹、温彦博など、隋唐の多くの名臣が彼の生徒であった。死後、門徒より「文中子」と称された。王通の著作のうち、後世に大きな影響を与えたものとして『中説』がある。『中説』は王通の思想を体現している重要な著作であり、恐らく彼の門弟により編まれたものと思われる。『論語』の体裁を模倣し、王通とその門人、およびその友人らとの問答を記載している。儒家の学説を系統づけて解説し、さらに南北朝から隋代に至るまでの現実にあらたな見解、認識を示した。

中国人が交友の際最も嫌がるのは「勢利の眼」である。このような人物は、「有益か否か」を以って交友の基準としている。所謂、「利尽くれば則ち散り、勢傾かば則ち傾く」である。中国の文学芸術においては、このような人物たちが生々しく、克明に描かれてきた。

しかし同時に、中国にはまた、伯牙と子期の「知音の交わり」や、廉頗と藺相如の「刎頸の交わり」、王子猷と戴安道の「君子の交わり」、劉備、関羽、張飛の「生死の交わり」のようなものもある。このような千年にわたって語り継がれる友情の故事は、みな「利」や「勢」を廃した「心交」である。共通の愛好を、心境を、追求を持つ。こういったものこそ「君子の交わり」と呼べるのである。

人間の交わりと同様に、国家関係の発展もこの通りである。結局のところ、人民同士の心が通じ合うことが必要なのだ。政治や経済、安保協力などを国家関係発展のためのハードパワーと呼ぶなら、人文交流は民衆同士が互いへの感情を強め、理解しあうためのソフトパワーである。これら二つの力を巧みに組み合わせてこそ、各国との誠意ある交流や互いへの寛容を推し進めることが出来る。

悠悠たる天宇は曠《ひろ》く、切切たり故郷の情。

【出典】 唐・張九齢『西江夜行』

【原文】

遙かなる夜　人は何くにか在る
澄潭《ちょうたん》月里に行く
悠悠たる天宇は曠《ひろ》く
切切たり故郷の情

【解釈】 碧波《あおなみ》の月夜に船は行く。天地は広茫にして、郷里を思うに切々として忘れ難し。

「家庭」や「故郷」は、中国文化の中に脈々と続く「指に纏う柔らかさ」の本質である。清明節や中秋節、春節に風雨を厭わず故郷を目指す人々は、中国人の情緒におけるもっとも柔らかく本質的な部分を体現している。猛烈な勢いで都市化が進み、地球全体が小さな村と化しつつある時代において、「郷愁」は多くの人々にとって最後の精神的な拠り所である。外地を旅する者は故郷を想い、遠く海外を旅する者は祖国を想う。余光中が「郷愁詩人」の名を受けたのも、彼の詩が大陸と台湾の郷愁を詠ったからだ。

「山を見、水を望み、郷愁を留む」。これは新興都市の造成が進む中で堅持しなければならない理念である。なぜならそこには単なる懐古や望郷の念のみならず、一つの文化が潜んでいるからだ。すなわち、「差序格局」(伝統的農村の社会構造)における顔馴染み社会、相互扶助の隣人文化、青山緑水の生態環境、助け合いによる発展機会などである。

今日、ますます多くの人々が郷里を離れて大都市に向かい、ますます多くの人々が国外へ出ている。人口流出の原因は各人がより良い機会を求めているからであり、為政者はどのようにすれば彼らを引き留めることが出来るのかを考えなければならない。故郷に十分な発展性と待遇があってこそ、若者を引き留める魅力が強くなるのだから。

天地英雄の気、千秋尚お凛凛然《りんりんぜん》たり。

【出典】唐・劉禹錫『蜀先主廟』

【原文】天地英雄の気、千秋尚お凛凛然《りんりんぜん》たり。勢は三足の鼎《かなえ》を分かち、業は五銖銭を復《おこ》す。相《しょう》得ては能く国を開き、児を生みて象賢ならず。凄涼たり蜀の故妓、来たりて舞う魏宮の前。

【解釈】劉備の英雄としての気概は天地に満ちており、千代、万代を経てもなお人々を敬服させ続ける。

中華民族は英雄を輩出してきた民族であり、また英雄を尊重し、崇敬し、紀念する民族である。

「英雄」には様々な種類があり、死体を背負い戦場を駆けた騎兵や、自ら砂漠で戦った武将は当然、命を懸けて諫言した実直な文官もまた英雄であり、現代において、墜落した子供を両手で受け止めた郵便配達の青年や、高額な治療費を払えない患者のために手ずから縫合を施した医師なども また英雄と言える。

言い換えると、ある人物が英雄であることは、重大な局面においては簡単に判断できるが、平和な時代において、わが身を投げだし善良な気質を受け継いだ者も同様に英雄であると見做されるべきである。英雄たりうる基準はどれほど強烈な業績を残したかではなく、その人物が「英雄の気概」を備えていることが更に重要である。すなわち、正義、民族、善良、人間性に対する信念と、悪意、邪悪、歪みに対する闘争である。

この世はペンキ缶であり、容易に染められてしまうとは言うが、この複雑怪奇なペンキ缶の内に在って、他の色に染まることなく、己の信念を保ち続けることができる者こそ英雄の気概を持った人である。「貨幣主義」や「利益主義」が蔓延る今日において、我々は未だに「英雄の気概ある社会」を懐かしみ、その建設を望んでいる。

交情の鄭重《ていちょう》なること金と相似たり

【出典】唐・白居易『継之尚書自余病来寄遺非一、又蒙覧酔吟先生』

【原文】交情の鄭重《ていちょう》なること金と相似たり、詩韻清く、錚錚《そうそう》として玉《ぎょく》も如かず。

【解釈】情義の価値は黄金に等しい。

この詩は己の友情を重んじる気持ちと友人への愛情を濃厚に表している。中国の伝統文化において、友人は「五倫」の一つに数えられ、昔から今に至るまで、無数の文学作品において友情の美しさが詠われてきた。このことからも、中国人にとって友情がどれほど重要な意義を持っているかを覗うことが出来る。黄金は古代において貴重な金属であり、「鄭重なること金と相似たる」友情がどれほど重いかが見て取れる。意義が深いからこそ必然的に交友に深入りし、慎重に相対するようになるのである。

木の天に順いて、以て其の性を致すのみ。

【出典】唐・柳宗元『植樹郭槖駝傳』

【原文】能く木の天に順いて、以て其の性を致すのみ。

【解釈】樹木の天性に従い、その通りに成長させる。

人の生長には段階性があり、子供を教育するにあたって最も重要な原則は子供自身の自然な成長の流れに従うことである。決して無理を押し付けたり、抜苗助長してはならない。両親たるものはみな子供に優秀な人物に育ってほしいと願うものだが、教育は子供の天性を尊重することが前提である。国家は社会にとって有用な人材を育てたいと願うものだが、教育の規律を遵守し、教育理念を改革し、本人に自身の天性を真に理解し、発揮させねばならない。人材の養成とは、一朝一夕の事業ではないのだ。創造力に富む国家、創新精神に富む民族は、みな当然教育を重視している。良い教育体系を建築するには、子供や親そして学校、教師、社会の教育理念や教育制度における多方面の協力が必要である。これには長時間の努力と教育の重要性を繰り返し強調してくことが重要であり、中国の教育体制の改善が早ければ早いほど、中国の人材育成事業により大きな利益をもたらす。

慈母《じぼ》手中の線、遊子《ゆうし》身上の衣。行くに臨みて、密密《みつみつ》に縫う。意は恐る、遅遅《ちち》たる帰りを。誰《たれ》か言う、寸草《すんそう》の心の、三春《さんしゅん》の暉《き》に報い得んとは。

【出典】唐・孟郊『遊子吟』

【原文】慈母《じぼ》手中の線、遊子《ゆうし》身上の衣。行くに臨みて、密密《みつみつ》に縫う。意は恐る、遅遅《ちち》たる帰りを。誰《たれ》か言う、寸草《すんそう》の心の、三春《さんしゅん》の暉《き》に報い得んとは。

【解釈】慈母が手ずから針を握って、遠方へ向かう子供のために衣服を造っている。子供の出立を前に一針一針縫いつける母が恐れているのは、子供の帰りが遅くなることである。子女の野草の如く微弱な孝心が、春の日差しのように照る母の恩情に報いることが出来るとは、誰が言えようか。

家族愛を重視することは中華民族の優れた伝統であり、あらゆる感情の中で最もあたたかなものである。中国人の濃厚な家庭情緒は数千年の歴史を経る中で、単に文化的な意味を持つのみならず、社会構造の重要な構成要素となった。近年の「家風」や「家訓」を巡る喧々たる議論にしろ、インターネット上で繰り広げられる如何にして家族愛を保持していくかという討論にしろ、みな中国人の家庭内の和睦や家庭を気付くことに対する重要視を表している。

少年の辛苦は終身の事なり。光陰に向いて寸功を惰《おこた》ること莫れ。

【出典】唐・杜荀鶴『題弟姪書堂』

【原文】
何事か窮《きわ》まりて道を窮めざらんや
乱時も還《ま》た静時と同じくす
家山は干戈《かんか》の地に在りと雖も
弟姪《ていし》は常に礼楽の風を修む
窓の竹影　書案上に揺れ
野泉の声　硯池《けんち》中に入る
少年の辛苦は終身の事なり
光陰に向いて寸功を惰《おこた》ること莫れ

【解釈】若い時の苦労は一生涯己を利するものであるから、怠惰に陥って光陰を無駄にしてはならない。

家長が子女を如何に教育するか、ということは永遠の課題である。特に、子供が宝物のように大事にされ、物質的豊かさも過去とは比べ物にならないほど高くなった今日において、家長は往々にして一切の苦労を子供に負わせたくないと考えがちである。

しかし古人の観点から言えば、まず第一に、人間の成長には試練や苦しみが必要だという。「宝剣の鋭利は打ち磨くことにより現れ、梅花の香りは寒さを越えてこそ漂う」ということである。第二に、幼いころから文を習い武を磨くことは確かに辛いが、それによって優秀な品格が培われ、頑強な体と学問の基礎を得ることにより、終身にわたって己を利するのである。第三に、幼い時期の苦労には恐らく人によって客観条件の違いがあるが、逃避するための理由を探してはならない。中国古代の「蛍の光」や「雪月の光」、「壁に鑿して光を盗む」のような説話はみなこの思想を反映しているのである。杜荀鶴のこの詩句は、現代に生きる家長たちにとっても参考に値する。

少壮にして努力せずんば、老大にして徒《いたず》らに傷悲せん。

【出典】漢『楽府詩集・長歌行』[1]

【原文】

青青たる園中の葵
朝露　待日を待ちて晞《かわ》く
陽春　徳沢を布き
万物　光輝を生ず
常に恐る秋節の至りて
焜黄《こんこう》として華葉《かよう》の衰うるを

1　『楽府詩集』は『詩経』「風」に続く、中国古代の楽府歌辞を総括した総集であり、北宋の郭茂倩によって編纂された。百巻が現存し、現存する楽府歌辞集のなかで最も完全なものである。内容としては、漢、魏晋、南北朝の優れた民歌が収められている。記載は豊富で社会の広い範囲を反映しており、主に漢魏から唐および五代までの歌辞、および先秦から唐末に至るまでの歌謡が合計五千首以上収められている。

百川　東して海に到れば
何れの時か復た西に帰らん
少壮にして努力せずんば
老大にして徒《いたず》らに傷悲せん

【解釈】年若く力強い時期に意を奮って向上しようとしなければ、老いて過ちを悟ったとしても手遅れであり、嘆き悲しんだところで無意味である。

この詩は一見、ある人が少年期に志を立てた話のように見えるが、実際はある師が少年に向けて己の経験をもとに訓戒を与えるという内容である。少年にしてみれば、「老大にして徒に傷悲」した経験が無いため、彼にとって「少年愁《うれ》いの滋味を識らず」のような詩句は「賦が為に詞を新たにし、強いて愁いを説」いているように見えるだろう。ゆえに、この詩における訓戒は、若者の理解想像力と年長者の教化表現能力をともに考慮して書かれたものである。

年長の師が青少年に情報を伝えるための鍵は、一種の時間概念にある。人生は苦しく短く、なおかつ記憶力があり学習効果が高いのは青少年期である。この時期に奮起して学習せず、遊びや時間つぶし、睡眠などに溺れてしまえば、最も良い時期を無為に失ってしまい、必然的に徐々に時間に対する焦燥感のみが強まって、己の人生に損害を与えてしまうのである。

信ずるは交友の本なり

【出典】南宋・劉荀『明本釈』
【原文】信ずるは交友の本なり。
【解釈】誠実であることは交友の基本である。

誠実であることは古来より中国文化において何よりも重視され、単に交友関係の基礎であるのみならず、人としての根本と見做されてきた。

誠実とは小さなことから大きなことにまで当てはまる。小さなこととして、個人に関して言えば、「人に誠信無ければ立たず」というように、あらゆる交際において誠実を基礎にしなければ、やがては友人をみな失ってしまうのである。大きなこととして、国家統治を例に挙げると、統治者が人民に対して誠実な態度を以って接しなければ、人民からの信任、支持、擁護を受けられない。

国際交流に関して言えば、ある国家が「朝令暮改」「出しては反す」ような態度を取れば、他国はその国を信用することが出来ず、安心して交際をしたり深い協力関係を構築することが出来ない。

凡そ偉世の文を作さんとする者は、必ず先に以って世に伝うべしとする心有り。

【出典】清・李漁『閑情偶寄・詞曲』

【原文】凡そ偉世の文を作さんとする者は、必ず先に以って世に伝うべしとする心有り。而れば後に鬼神効霊し、撰じて倒峡《とうきょう》の詞を為し、人人をして賛美せしめ、百世に流芳す。

【解釈】世間に読み継がれる文章となるためには、作者があらかじめ世間に伝えさせようという意思を以って書かねばならない。

清代の李漁によって編纂された『閑情偶寄』は「詞曲部」「演習部」「声容部」「居室部」「器玩部」「飲饌部」「種植部」「頤養部」の計８部から成り、戯曲、歌舞、服装、身繕い、園芸、建築、花草、玩具と器具、健康、飲食など、芸術と生活における各種の現象と自身の主張を論述したもので、内容はきわめて豊富である。

古人が常に言っていた「意は筆先に在り」という言葉は、筆を下すよりも先に胸中に「意」を立てねばならない、という意味である。文章のみならず絵画や書道においても同様であり、所謂「胸に成竹有り」というのが創作者たちの目指す所である。

これを推し広げて言えば、文学以外の多くの物事もみなこの通りである。世に伝えようという追求が無ければ世に伝わることは難しく、事を成す前から既に下流に乗ってしまっている。実際に世に伝えられるか否かは才能と努力に依るが、まずは先に信念を持たなければ始まらない。古人の言う「修、斉、治、平」においても、まず最初に確固たる信念が無ければ、自身を向上させることも、家庭調和によって社会秩序の調和を実現することも、天下国家を太平にする思いを達成することもできないのだ。

治国編

中国の古人が残した数々の言葉には深遠な意義が詰まっている。国家治世の智慧は往々にして、記録の中の数語に含まれているのだ。

古人の智慧を独自の創造性とともに受け継ぎたいのであれば、まずはその句が表現している真の意味を正確に理解せねばならない。古の人はいったいなぜその言葉を遺したのか。そこには必ず何らかの因果があったはずだ。現実のどのような問題に向けて言葉を発したのか。この言葉は、どのような理論や現実に基づいて発されたのか。この言葉によって問題は解決されたのだろうか、と、このように問わなければならない。我々は、言葉とは道理を抽象的に表現しているにすぎず、道理の裏には具体的な治世の実践があるということを理解すべきである。

「明るき者は時に因りて変え、知なる者は事に随いて制す」という言葉を例に考えよう。この言葉は道理の上から言えば非常に簡単である。智慧のある管理者は、時代条件の変化や事物の発展段階に基づき改革を進め、また有効な管理方法を制定する、ということである。

しかし、より深く見ていくと、『塩鉄論』中のこの言葉の背景には、統治者における改革派と保守派の対立や、彼らの具体的な経済政策と国防政策上の対立、さらに当時の異なる利益集団どうしにおける政策伝達手段の違いなどが潜んでいる。この言葉を字面の上から理解することは決して難しくないが、この言葉を切り口に史実を深く理解し、誰の政策が当時の主流を占め、それらの政策が実際に当時の経済や社会発展を推進したか否か、それらの政策はどのように伝達され、どのように執行されたかといったことを理解することは難しい。

ゆえに、我々が古人の名句と治世の智慧を学ぼうとする際には、ただ字面のみから学ぶだけでは全く足りない。名句を読むことは窓を開けることと同じであり、その窓から史実や歴史変遷の論理を覗き見てこそ、当代の治国理世に実際の利益をもたらす学びたりえるのだ。

周は旧邦と雖も、その命は維《こ》れ新たなり。

【出典】『詩経・大雅・文王』1

【原文】文王上《かみ》にあり、於《おお》、天に昭《あきら》かなり。周は旧邦と雖も、その命は維《こ》れ新たなり。

【解釈】周は古い国ではあるが、その使命は常に革新し続けることである。

1 『詩経』は中国における初の詩歌総集であり、先秦には『詩』と称され、漢代以降に経典となり、『詩経』と称されるようになった。西周初期から春秋中期に至るまでの約500年間の作品305篇を収録し、「風」「雅」「頌」の3類から成る。「雅」は「大雅」と「小雅」に分けられ、「大雅」はみな貴族の作品であるが、「小雅」には貴族の作品もあれば、民歌も収められている。『毛氏』「序」曰く、「小、大夫、幽王を刺すなり」とあり、鄭箋は「当に厲王を刺す為《た》るべし」と訂正した。朱熹の『詩集伝』ではどの王を風刺したものであるかは明言せず、ただ「大夫以えらく、王は邪謀に惑わされたるも、断じて以て善に従うこと能わずして此の詩を作る」とのみ記載した。

中国文化は保守的であり、非常に偏っていると言う人がいる。中国文化の核心的な哲学基礎は『易経』に由るが、この作品は「変化」について講じている書である。儒家の原典において「新」は重要な哲学的命題である。『大学』には「苟《まこと》に日に新たに、日日に新たに、又た日に新たなり」「新たなる民を作《おさ》む」とあり、個人であれ、社会であれ、国家であれ、みな時間の奔流の中で絶えず形勢に順応し、日日新たにして停まってはならないのである。

したがって、中国文化は古来より変革を拒絶していたのではなく、少なくとも我らの理念の源流においては変革を否定しなかったのである。しかし実際の政治において、権力を擁する者は容易に保守化し、己の権益を守ろうとし、変革を妨げる要因となるのである。そして千百年来にわたって政治権力は社会のあらゆる方面に浸透し、権力の惰性が中国文化に対して深刻な影響をもたらした結果、我々の文化は内向的かつ保守的になり、一度、また一度と改革の機会を逃していったのである。

所謂旧邦とは文化の継承を意味し、中国は千年にわたって連綿と文化を受け継いできた世界にも稀に見る国家である。また同時に、我々は絶え間なく人類文明の進歩を追い続け、古きを新しきに改め、「旧邦を闢《ひら》き、以て新命を賦す」。これこそ継承と刷新の時代的課題である。

初めあらざるなく、克く終わりあること鮮し。

【出典】『詩経・大雅・蕩』

【原文】 蕩蕩たる上帝、下民の辟なり。疾威たる上帝、その命は辟多し。天は烝民を生ず、その命は諶にあらず。初めあらざるなく、克く終わりあること鮮し。

【解釈】 物事にはみな始まりがあるが、最後までやり遂げられることは少ない。

中国の歴史を振り返ると、往々にして同じ感慨を抱く。一つの王朝が開かれた当初は、建国の主とその後数代が善政に努め、名臣を多く輩出し、人民も安楽に暮らしているが、王朝の中期から後期に至ると、往々にして君主が宮殿の奥深くに引き籠り、政務を蔑ろにし、外戚、宦官、権臣、朋党が互いに権力を争い、朝廷の風紀が乱れ、人民が耐え難い苦しみに喘ぐようになる。商周の後にも人々は同様に嘆いたという。紂王のような暴君も執政当初はよかったのだから、開国の名君商湯の治世は言うまでもない、と。どうしてこのようになるのだろうか。「初めあらざるなく、克く終わりあること鮮し」という評価は、一人の人間の継続性を評価する言葉でもあるが、一つの王朝、一つの国家においても、この種の「歴史の周期性」は深い意義をはらんでいる。開国の君主というものは民衆から昇りつめた者であれ、官員から成りあがったものであれ、彼の経歴は奮闘の歴史であったと言える。彼が対峙した相手は腐敗した王朝であり、明確な反面教師として常に警鐘を鳴らしていた。執権が長期にわたると皇帝は宮廷の内に生まれ、見聞が非常に限られているうえに衣食に悩むことがなく、危機意識を失って「民草に米が無いというならば、なぜ肉粥を食わぬのか（百姓無粟米充餓、何不食肉糜）」と言った晋の恵帝のようになってしまうのだ。

どうすればこのような歴史の周期律から抜け出すことが出来るのだろうか。かつて毛沢東は黄炎培とこのことについて討論し、こう答えたという。人民に与党を監督させ、常に改革していけば、この周期律を抜け出すことが出来る、と。与党にとって商朝の教訓は常に身近にある。歴史の教訓とは、みな零落を防ぐためにあるのだ。常に緊張感を持ち、薄氷を踏むが如き心境で政務に臨むべきである。

思《そ》れ皇《おお》いなるかな、多士此の王国に生ず。王国克《よ》く生ず、維《こ》れ周の楨《てい》。済済たる多士、文王以て寧《あまね》し。

【出典】『詩経・大雅・文王』

【原文】世に之れ顕れざらんや、厥《そ》の猶《みち》たるは翼翼たり。思《そ》れ皇《おお》いなるかな、多士此の王国に生ず。王国克《よ》く生ず、維《こ》れ周の楨《てい》。済済たる多士、文王以て寧《あまね》し。

【解釈】多くの優秀な人材がこの国に生まれた。周の発展にとって、彼らこそが梁（はり）である。多くの賢臣が一堂に会しているので、文王の心は安らかである。

『詩経』から引用したこの句は、周の文王が賢臣を丁重にもてなし、各方面の人材が引き寄せられて補佐に当たったため、国に優秀な人材が集まり、大いに栄えたということを言っているのである。千秋之業を成すには人材が基礎である。我々は中華民族の偉大なる復興である「中国の夢」を実現せねばならず、人材が多ければ多いほど、事業を大きくすることができる。中国には13億人以上の人口があり、人力資源大国と言うことが出来るが、多くの構造的矛盾が存在する。我々はもっと多くの高級人材を育成し、国際的に「智力大国」であると見做されるべきだ。13億の労働力は巨大であり、その脳内に秘められた智慧はさらに貴重である。当今の世界競争において前列に並ぼうとするなら、絶え間なく人材を育成し、引き寄せ、集めなければならない。

法は天下の準則なり

【出典】春秋・文子『文子』[1]
【原文】夫れ法は天下の準則にして人主の度量なり。
【解釈】法律とは天下の人が物事を行う際の共通規則であり、統治者が是非を問うための指標である。

1 文子、姓は辛氏、号は計然、生没年不詳、道家の祖師であり、孔子と同年代の人で、『文子』の作者である。『文子』は主に老子の言動を解説することによって彼の思想を明らかにし、道家の学説を発展継承させた。明の宋濂は「子嘗てその言を考するに、一に祖の老聃、大概道徳経の義疎ならん」と評し、元の呉金節も「文子は道徳経の伝なり」と評した。『文子』の主旨と内容に関して語ったのである。

「枠が無ければ方円は定まらない」というが、修身も、斉家も、治国も、平天下もその通りである。定められた規則を遵守することは集団が存在するための基礎であり、集団内の個人が備えるべき基本的素質でもある。しかし、法の存在は往々にして権力者からの挑戦となる。権力は人類社会における基本存在であり、集団があれば差異が生じ、差異こそが権力の源である。権力は人間性の善悪に根ざしており、権力は常に悪と結びつく。もし何ら制限を受けなければ、権力と悪の結びつきは集団利益の敵となる。中国は近年の反腐敗運動を通して、以下のことが分かった。法律や規則による制限が無ければ、権力は籠を出た猛獣であるということだ。したがって、我々は権力をかごに押し込めなければならない。我々は必ず以下の段階を踏まなければならない。腐敗する勇気がない、腐敗できない、腐敗しようと思わない、の三段階である。腐敗する勇気がない、とは腐敗官僚への猛烈な攻勢により怯えあがらせることであり、腐敗できない、とは緻密で完成された規則を定めることである。そして腐敗しようと思わない、というのは、権力者たちの間に堅固な遵法意識を植え付けることである。

国の利器は以て人に示すべからず

【出典】春秋・老子『道徳経』
【原文】魚は淵より脱すべからず、国の利器は以て人に示すべからず。
【解釈】国家が利益を守るために用いる道具は、軽率に持ち出してはならない。

いかなる国家にも自国の利益というものがあり、国益を守るための道具を「国の利器」という。また「国の利器」は国家立脚の本であり、核心競争力である。現代のように世界情勢が目まぐるしく変わる時代においては、各国それぞれに指南磁針、すなわち強大な科学技術創新能力が必要とされる。さらに、この「国家の利器」は国家に世界的な競争力を与えるものであるが、自発的な更新と創新の意思を保持していかなければならない。この「国家の利器」は他国に示してはならず、また他国のものを模倣してもならない。絶え間なく自国の創新意識を強め、自国にて創新人材を育成してこそ、自国に唯一無二の「利器」を持つことが出来るのだ。

君子は義に喩《さと》る

【出典】『論語・里仁』
【原文】君子は義に喩《さと》り、小人は利に喩る。
【解釈】君子たる者のみが義を以って諭すことが出来る。

『論語』において、孔子は常に君子を以って小人と比較していた。君子とは高い道徳心を持った高尚な人物のことを指し、小人は悪人とは限らないが、世俗の人である。君子も小人も社会における客観的存在であり、両者の区別は「義」と「利」にある。『論語』のある篇では君子と小人の区別をこのように述べている。「子曰く、君子は徳を懐き、小人は土を懐く。君子は刑を懐き、小人は恵を懐く」義と利の違いを説いているのである。君子は道義を重視する「徳と刑」の者であり、何をすべきか、何をすべきでないかを知っている。小人あるいは俗人の目に映るのは主に眼前の利益であり、居住し労作する土地や、そこで得られる恵みこそが重要なのである。これは今日の国家と社会統治においても啓蒙的意義を持っている。社会樹立の高尚な道徳的理想を説きつつも、合理的な利益配分制度を構築する。このようにしてこそ異なる社会集団の積極性を導き出し、ともに「運命共同体」の建設をすることが出来るのだ。

徳は孤ならず、必ず隣有り。

【出典】『論語・里仁』
【原文】徳は孤ならず、必ず隣有り。
【解釈】徳のある人物は孤独にはならない。必ずや志を同じくする者が現れ、彼に寄り添う。

今日の中国社会には奇妙な現象が存在する。路上に老人が倒れているというのに、誰もその老人を助け起こしに行かない。老人に騙されることを恐れているからだ。バスに乗っていて、泥棒が財布を盗む瞬間を目にしたというのに、誰も捕まえようとしない。巻き添えに遭うことを恐れているからだ。仕事場において勤勉に働く人の出世は、往々にしてゴマスリのうまい人よりも遅い。こうした現象は決して普遍的なものではないが、報道や視聴者の反応を通して、深刻な負の印象を造成している。社会や職場において、善良素朴であったり高尚な道徳を実践することは危険だ、と思わせているのである。もしもみなこのような考えを持つようになってしまえば、社会全体の道徳において「悪貨が良貨を駆逐する」悪性循環に陥りかねない。

遥かな昔において、孔子は既に「徳は孤ならず、必ず隣有り」と呼び掛けていた。彼は正直な人間が己の道徳を実践し、高尚な言動によって他者を感化し、社会に影響を与えるよう鼓舞していたのだ。ただし、国家と社会の運営者の視点から言えば、ただ高尚な道徳を持った人間を鼓舞する宣伝を行うだけでは足らず、政策面と利益面から誘導し、高尚な人間には報いを、卑怯な人物には「通行証」の喪失を与えなければならない。このようにしてこそ真に範を示すことができ、高尚な道徳心が社会に満ち、良い気風を漂わせることが出来るのだ。

礼の用は和を貴しと為す

【出典】『論語・学爾第一』

【原文】子曰く、礼の用は和を貴しと為す。先王の道も斯れを美と為す、小大これに由るも行なわれざる所あり。和を知りて和すれども礼を以てこれを節せざれば、亦行なわるべからず、と。

【解釈】礼儀の役割は、他人との和睦を図るためである。

礼儀を用いることは、根本的には礼を以って和を求め、礼の秩序を以って人と人の関係に調和をもたらすことである。中国は、常に中華民族は「礼儀の邦」であるというが、実際のところ礼儀規範そのものは形式にすぎず、実際に求められていることは調和の達成、すなわち「和を以て貴しとなす」ことが本質なのだ。国家統治の角度から言えば、各自が己の分をわきまえ、各自が己の職を果たす。これを推し広げれば、国と国の関係もまた然りなのである。

天下の目を以て視れば則ち見えざるなく、天下の耳を以て聴けば則ち聞えざるなく、天下の心を以て慮れば則ち知らざるなきなり。

【出典】春秋・管仲『管子・九守』

【原文】目は明を貴び、耳は聡を貴び、心は智を貴ぶ。天下の目を以て視れば則ち見えざるなく、天下の耳を以て聴けば則ち聞えざるなく、天下の心を以て慮れば則ち知らざるなきなり。輻輳《ふくそう》し並び進まば、明、塞ぐべからず。

【解釈】天下の目をもって見ようとすれば、見えないものはない。天下の耳をもって聴こうとすれば、聞こえないものはない。天下の心をもって慮れば、知ることができないものはない。広く言論発表の道を開き、どの事業でも、みんなで一緒に考えたり、行ったりすることは、事業を開拓し国家を安定させるための前提であり、政党・民族・宗教・階層関係や海内外の同胞が調和のとれた発展を促進させる要義である。

今の中国は社会主義協議民主を実行している。この制度によって、全国の民衆たちはその中に参加できるため、民主集権制の実際の作用が発揮される。中国は制度をよく確立し、また徹底的に実行すべきである。このようにしてこそ、民衆の意見が聞きいれられ、民衆の立場も考えられる。民衆の立場に基づく方策こそが、大多数の利益と一致する良策である。

凡そ国を治むるの道は、必ず民を富ます。

【出典】 春秋・管仲『管子・治国第四十八』

【原文】 凡そ国を治むるの道は、必ず民を富ます。民富めば則ち治め易く、民貧しければ則ち治め難し。

【解釈】 国家を治める道は、人民を富ませることが根本である。

国が富めば、人民が安定する。人民が富めば、国が強くなる。国を治めるには、安定的な社会秩序が必要である。一旦衣食の問題が解決不能に陥ると、社会は混乱に陥る恐れがある。社会の安定を維持するには、経済、政治、また道徳の基礎が必要である。経済的土台は上部構造を決定する。それでは、どのように経済的土台を保障すればよいのか。まずは、ある程度の水準を満たす経済発展が最も重要である。次に、基本的な経済的公平性も不可欠の条件である。

そこで、国家統治の視角から見ると、「発展の目的は人民に幸福をもたらすためであり、発展の成果が人民全体にまで及ばなければならない」。改革開放を始めるにあたって、鄧小平は「先に豊かになれる者たちを富ませよ」と提唱した。中国共産党の第十八回党大会でも「貧困救済事業」が提出された。いずれも「民富めば国強し」を実現するためである。

一年の計は穀を樹《う》うるに如《し》くはなし、十年の計は木を樹うるに如くはなし、終身の計は人を樹うるに如くはなし。

【出典】 春秋・管仲『管子・権修』

【原文】 一年の計は穀を樹《う》うるに如《し》くはなし、十年の計は木を樹うるに如くはなし、終身の計は人を樹うるに如くはなし。

【解釈】 穀物を育てることは一年の計画であり、木を育てることは十年の計画である。しかし、人を育てて成果を得るためには一生をかけた計画が必要である。

今の時代では、国家間の競争は、本質的には人材の競争であると言える。国の発展は、根本的に人材の競争である。技術革新（イノベーション）は国家の発展に無尽の原動力を提供している。この技術革新にとって、最も重要なのは人材である。国家が人材を擁していれば、その国は未来を擁していると言える。つまり、中華民族の偉大な復興を実現するためには、多くの腕利きの人材が必要である。そこで、人材を育成するためにどのようなメカニズムを確立するかということが、国家統治において無視できない問題である。中国が技術革新の道で先頭を歩くためには、イノベーションの実践において人材を発見し、育成し、招集する必要がある。多くの優れた革新的人材を強力に育成すべきである。国家発展の基盤を築くためには、まず教育投資を増やし、合理的なインセンティブ制度を設け、人材育成・導入・使用制度を完備し、人材への束縛を打ち破って、人材の流通を強化しなければならないのである。

国は利をもって利と為さずして、義をもって利と為す。

【出典】『大学』

【原文】孟献子《もうけんし》曰く、馬乗《ばじょう》を畜《か》うものは鶏豚《けいとん》を察せず。伐氷《ばつぴょう》の家は牛羊《ぎゅうよう》を畜わず。百乗の家は聚斂《しゅうれん》の臣を畜わず。その聚斂の臣あらんよりは、寧《むし》ろ盗臣《とうしん》あれと。これを国、利をもって利と為さずして、義をもって利と為すと謂う。国家に長として財用を務むる者は、必ず小人自《よ》りす。小人をして国家を為さしめれば、災害並び至る。善者ありと雖もまたこれを如何ともするなし。これを国、利をもって利と為さずして、義をもって利と為すと謂う。

【解釈】国家を治めるには、利益が有ることをもって本当の利益とせず、正しい道理（義）が行われることをもって利益とすることをいっているのである。

「義」と「利」は中国人の道徳観において最も基本的な概念である。「義」は道徳的理性であることに対して、「利」は功利的理性である。儒家から見ると、「義」であれ「利」であれ人間性である。人間は名利を追求する欲望に駆られながらも、道徳心に突き動かされる場合もある。しかし、価値判断の場合、「義」は「利」より上にある。また「義」は「利」を制約し、更に「利」を導くべきである。これが禽獣にはできず、人間にしかできないことである。

「義」は「利」より上にあるという観念は、長いあいだ中国人の国家観を表していた。即ち、国は財政国家として存在すべきではなく、文化国家、道徳国家として存在すべきであり、「国を富ます」という意識が希薄であるがゆえに、ある程度で「国の富」は止められる。これは言うまでもなく、「義」を以て「利」を消滅する結果である。しかし、時代が経つと状況も変わる。今の中国は既に世界第二位の経済大国となった。「国を富ます」が言うまでもなく、貧富の格差、環境汚染、都市と農村の格差などの問題の深刻化をもたらし、私たちを悩ませている——国の財力が高まったとなれば、今後はどうすべきだろうか。もし改革開放の中蓄積した財富が既得利益集団によって独占されてしまえば、改革の利益配当を民衆たちは享受できず、改革もそのものの意義を失ってしまう。改革は「ウィンウィン」の意識を持てば長続きする。また、「義」と「利」の両方に配慮を加えてこそ、両方を得ることができる。それと同時に、「義」と「利」を両立させなければ「ウィンウィン」は実現不可能なのである。

窮すれば則ち変ず、変ずれば則ち通ず、通ずれば則ち久し。

【出典】『周易・系辞下』[1]

【原文】 窮すれば則ち変ず、変ずれば則ち通ず、通ずれば則ち久し。

【解釈】 事態がどん詰まりの状態にまで進むと、そこで必ず情勢の変化が起こり、変化が起こると、そこからまた新しい展開が始まる。

1　一般的『系辞』は『易伝・系辞』あるいは『周易・系辞』を指している。上、下二部に分ける。『系辞』は今本『易伝』の第四種類であり、『易経』の大義を総論するものである。伝えられるところによれば、孔子が『周易』を解明し総括する7篇の論述を作成した。それは即ち『易伝』である。『系辞』はこの7種類の論述の中で思想水準の最高な作品である。その中に孔子の論述が多く引用されるため、孔子の後の儒家によって整理されたものと推測されている。『系辞』は春秋戦国時代における儒家の認識論と方法論の集大成ものと言える。

「四つの全面」（小康〈ややゆとりのある〉社会の全面的建設、改革の全面的深化、全面的な法による国家統治、全面的な厳しい党内統治）は当代の中国の国家統治におけるキーワードである。そのうち、2番目に来るのは「改革の全面的深化」である。

事実が既に示されたように、改革開放は当代の中国の命運を定める鍵であり、中華民族の偉大なる復興を実現する決め手である。歴史の経験から見ると、誰かがこの規律に違反することにより、しばしば衰退を招いたのである。

近代中国が盛りを過ぎて衰えた原因としては、統治者の尊大ぶり、保守退嬰、古いしきたりに固執し、改革を畏れたことが挙げられる。そこで、古人はこの言葉を統治者に教育したのである。今前に進む中で、中国はしっかりと全面的に改革を深化しなければならない。改革の道で保守退嬰に遭うこともあり、非常に歩を進めづらくはあるが、統治者たちはもっと勇気を持って改革開放を推進しなければならないし、また発展のために保守退嬰を克服し、難関を切り開き、強大で絶え間ない原動力を提供しなければならないのである。

窮すれば則ち変ず、変ずれば則ち通ず。

【出典】『周易・系辞下』
【原文】窮すれば則ち変ず、変ずれば則ち通ず、通ずれば則ち久し。
【解釈】事態がどん詰まりの状態にまで進むと、そこで必ず情勢の変化が起こり、変化が起こると、そこからまた新しい展開が始まる。

戊戌変法の前、朝廷の保守派は「祖先より受け継いできた法は変えるべからず」、「天は変わらずにして、道も又変わらず」という理由を以って変法に反対した。ここから、中国の伝統文化は、「変」すべきか否かにおいて、保守に傾いていることが分かる。歴史上の商鞅、王安石、張居正などの偉大な変革者たちは、当時代また後世の史書の中によく「小人」、「薄情」などの言葉で非難と風刺を浴びている。要するに、長い歴史の中では、変革派より保守派の方が多かったのである。

しかし近代以来、数千年来未曾有の「変局」の衝撃を受けて、中国人たちは伝統文明が既に変えなければならない段階に至ったことを自覚し、西洋に学びはじめた。従来「乱臣賊子」と目された「変革」も、はじめて認められた。『周易』の説法によると、「変」こそが永久不変のことである。国であれ、民族であれ、長い時間の安逸の中には、不穏の危機が内包されている。つまるところ、完全無欠な国と民族などは存在しないため、変革と改良の余地がいつでもある。「治に居て乱を忘れず」、盛世と治世の中においても危機や問題に備えて準備を怠らず、絶えず反省と改善の覚悟を持ってこそ、国は長きにわたって不敗の地に立つことができる。国際競争がますます激しくなる時代において、一つの国が時代とともに進めるか否か、またよく変革を考えるか否か、それこそが国家の将来を定める一大事である。

道はちかしと雖《いえど》も行《ゆ》かざれば至らず、事は小なりと雖も、為さざれば成らず。

【出典】 荀況『荀子・修身』

【原文】 道はちかしと雖《いえど》も行《ゆ》かざれば至らず、事は小なりと雖も、為さざれば成らず。その人と為りや、暇日《かじつ》多き者は、其の人に出ずることも遠からざるなり。

【解釈】 たとえどんなに近くても、その方へ向かって歩かなければ行き着くことはできないし、物事はいかに小さい事でも、直接手を下さなければ、でき上がらない。

千里の行も足下に始まる。道の遠近を問わず、歩き始めさえすれば終点に行き着くことができる。この言葉は実行することを強調している。国を治める角度からみれば、どのような政策であれ、実施されなければ空手形となってしまう。実施したからこそ、既定政策の目標を実現することができ、最終目的に達することができる。

万物おのおのその和を得て生じ、おのおのその養を得て成る。

【出典】 荀況『荀子・天論』

【原文】 列星随いて旋り、日月遞いに照らし、四時こもごも御し、陰陽大いに化し、風雨博くす。万物おのおのその和を得て生じ、おのおのその養を得て成る。その事を見わさずして、その功を見わす、夫れ是れを神と謂う。

【解釈】 天地日月は相和して万物を生じる。

中国の伝統文化は天人統一、自然に従う発展方式、また自然の道に準じることを強調している。現代社会に至っても、このような考え方は未だに廃れていない。また今後も大いに範とすべきである。今の発展の段階においては、専ら経済的利益のみを追求することは時代遅れである。自然を尊重し、法則に従わずしては、持続可能な効益を得ることはできず、また、人と自然が調和して発展する道を形成することができない。そのため、「五つの発展理念」の中、「グリーン発展」は重要な戦略になっている。また、「エコ文明建設」も第十三次五カ年計画の中に入られた。

仁者は人を愛し

【出典】『孟子・離婁下』

【原文】孟子曰わく、君子の人と異なる所以の者は、其の心に存するを以ってなり。君子は仁を以って心を存し、禮を以って心を存す。仁者は人を愛し、禮有る者は人を敬す。人を愛する者は人恆《つね》に之を愛し、人を敬する者は人恆に之を敬す。

【解釈】仁者は心が愛に満ちた人である。

中国人にとって、アイデンティティは何であるのか。それは中国人の独特の精神世界と毎日気づかずに持っている価値観にある。数千年の歴史を持つ中華文明は、独特な価値体系を形成してきた。中国の伝統文化は既に中華民族の根として中国人の心に根付いており、中国人の考え方と行為に対し知らず知らずのうちに影響を与えている。「仁者は人を愛し」という理念が、政治文化領域であれ経済社会であれ、エリートたちは仁者のように人を愛するべきであることを強調している。このような思想理念は、過去においても現在においても、鮮明な民族的特色を持ち、不変の価値を保ち続けている。これらの思想理念は、時間と時代の推移とともに発展していき、その自身の連続性と安定性がある。私たちは社会主義核心価値観を発揚することを唱える同時に、その中から優れた部分を取り入れることによって、中華民族の伝統文化を伝承し、昇華させるべきである。

吾が老《ろう》を老として、以て人の老に及ぼし、吾が幼《よう》を幼として、以て人の幼に及ぼさば、天下は掌《たなごころ》に運《めぐ》らすべし。

【出典】『孟子・梁惠王』

【原文】吾が老《ろう》を老として、以て人の老に及ぼし、吾が幼《よう》を幼として、以て人の幼に及ぼさば、天下は掌《たなごころ》に運《めぐ》らすべし。

【解釈】我が家の老人を思いやる気持ちを以って、他の家の老人に思いやりを及ぼし、我が家の子どもを可愛がる気持ちを以って、他の家の子どもに愛情を及ぼす。

孟子は仁義による王道政治を目指した。孟子から見れば、仁政の実施は空中楼閣などではなく、深い道徳の基礎がある。それは人々が持っている「惻隠の情」である。『孟子・梁惠王』に、斉の宣王は、金の落成式に供される牛の殺される姿を見るに堪えず、牛を放すよう命じた、とある。それは「惻隠の情」を持っていたからこそである。人の「惻隠の情」から仁政統治にかけて、その中に不可欠なのは「他人の身になって考える」気持ちである。孟子の名句もこの道理を伝えている。つまり、自分のことを考える時、他人のことをも思いやり、更に他人に有利な要素をつくり出して、他人の欲求を満足させる。現代社会においても、この思想は依然として参考とする価値がある。特にシルバー産業、また教育や医療分野において、統治者は他人の立場に身を置いて考えれば、また他人の身になって考えてやれば、必ず政策的誤りを減らすことができる。

国、常強無く、常弱無し。法を奉ずる者強ければ則ち国強し。法を奉ずる者弱ければ則ち国弱し。

【出典】戦国・韓非『韓非子・有度第六』[1]

【原文】国、常強無く、常弱無し。法を奉ずる者強ければ則ち国強し。法を奉ずる者弱ければ則ち国弱し。…故に荊荘斉桓公有れば、則ち斉荊以て覇たる可く、燕襄魏安釐有れば、則ち燕魏以て強かる可し。今、皆国を亡ぼす者は、其の群臣官吏、皆乱るる所以を務めて、治まる所以を務めざればなり。其の国、乱弱なり。又皆国法を釈てて其の外に私す。則ち是れ、薪を負ひて火を救ふなり。乱弱甚し。

【解釈】国家そのものには、永久に強い国もなければ、永久に弱い国もない。国の強弱は治め方の如何による。法を守る気風が強いと国は強くなり、法を守る気風が弱いと国は弱くなる。

1 『韓非子・有度第六』は中国古代の哲学者である韓非の作品である。韓非は法を奉ずることを治乱興亡の鍵とみる。そして、彼は一連の歴史事件で、国家統治にとって「法数に因り、賞罰を審らかにす」、「公法を奉じ、私術を廃し」などの思想の効果を論述した。「法、貴に阿らず、縄、曲に撓まず」、「過を刑するに大臣を避けず、善を賞するに匹夫を遺てず」などの思想は、儒教の「刑は大夫にまで上って適用されない」という思想と逆であり、積極的な歴史的意義がある。

「全面依法治国（全面的に法律に基づき国を治める）は、中国を治める思想のキーワードである。法治思想は、中国で長い歴史を持っている。「法を奉ずる者強ければ則ち国強し。法を奉ずる者弱ければ則ち国弱し」、「法数に因り、賞罰を審らかにす」、「公法を奉じ、私術を廃し」などの思想は、歴代の統治者にとって啓発になる。

中国共産党の第十八回中央委員会第四次全体会議は、「全面的依法治国を推進する」を主題として開催された。法治の下では、誰でも僥倖に頼ることはできず、特別恩赦も頼られない。法は、党の規律であり、国の法律である。特に少数の幹部たちは、率先して規律を守らなければならない。法律に暗くて法律を犯したり、意図的に法律に違反したりする人は、法律の責任を負わなければならない。さもなくば、「割れ窓理論」を招く可能性があるからだ。明末の馮夢竜が『警世通言』で述べたように、「人心は鉄の如し、法律は溶鉱炉のごとし」、人の心がたとえ鉄のように硬くても溶鉱炉にはかなわない。つまり人は結局、刑法から免れないのである。

智者は未萌《みほう》に見る

【出典】戦国・商鞅『商君書・更法』[1]

【原文】愚者は成事《せいじ》に闇《くら》く、智者は未萌《みほう》に見る。

【解釈】知者は物事がまだ兆さないうちにその動きを察知する。「天下武功、唯快不破（世の中の武術の中においては、速さこそが最強である）」。

1　商鞅は戦功を立てたため商に封ぜられ、後世に「商君」と称された。『商君書』は、商鞅をはじめとする法家の著作であり、『商子』とも呼ぶ。『漢書・芸文志』は29篇があり、24篇が現存する。その中には商鞅より後の時代の記事が見えるため、少なくとも一部は商鞅の作ではありえない。しかし、商鞅の部分の遺作が保存され、彼の言行も記録されている。内容は商鞅を筆頭に変法理論と具体的な措置が重点的に論述されている。そして君権を強めること、賞罰が厳しい法治制度を建立することも主張されている。

速さを身につけるためには、事前の判断が大事である。事前判断してこそ相手の機先を制して物事を先に行うことができる。発展が速い今の時代において、国家は発展の中でチャンスを捉え、兆しの表れないうちにその動きを察知してこそ競争の中で不敗の地位に立つことができる。現代社会にとって、科学技術が主な生産力であり、また技術革新が主な原動力である。技術革新において念入りに工夫し、革新駆動発展戦略を実施し、戦略フロンティアの技術発展を重視し、自主革新を通して主導権を握ってこそ、先手を勝ち取ることができる。技術革新に頼る発展の中、主力攻撃の方向と突破口に狙いを定め、前もって計画し、重要な領域で独特の優位を占める。そして、技術革新を成果転化と結合させ、革新成果を実際の発展成績に転化させることによって、根本的に総合国力を向上させることができる。

国のまさに興らんとすれば、必ず師を貴びて傅《ふ》を重んず。師を貴びて傅を重んずれば、則ち法度存す。

【出典】荀況『荀子・大略』

【原文】国のまさに興らんとすれば、必ず師を貴びて傅《ふ》を重んず。師を貴びて傅を重んずれば、則ち法度存す。國將に衰えんとすれば、必ず師を賤んで傅を輕んず。師を賤んで傅を輕んずれば、則ち人快《かい》有り、人快有らば則ち法度壞る。

【解釈】国が興隆しようとしているときには、必ず君主の師を貴び、君主の傅を貴ぶべきである。教師を尊敬し専門技術を教え授ける師匠を重視すれば、国の法が保たれる。

中国は古来より、教師を敬い教育を重んじてきた。古代社会において、孔子は「大成至聖の先師」と高く評価され、「万世の模範」と称賛されていた。五千年以上の中華民族の文明発展史上において、人材が次々と世に出て、大家を多く輩出してきたのは、教師が力を尽くしてきたからである。教育というのは、人民の総合素質を全面的に向上させ、発展させる重要な方途であり、民族を振興させ、社会を進歩させる重要な礎石である。そして、教育は中華民族の偉大な復興にとって決定的な意義を持っている。今の世界における各国の総合国力の競争というのは、つまるところ人材の競争である。人材はますます社会の発展を推進する戦略的資源になっていく。そこで、教育の基礎的、先導的、全体的な地位と作用は更に明瞭に現れる。「二つの百年」[1]という目標、そして中華民族を復興する「中国夢」の実現は、結局のところ、人材と教育によるものである。そのため、激しい国際競争において次々と絶えない人材資源を重要な力と優勢に転換させるために、我々はもっと教育を重視し、教師を敬わなければならないのである。

1 「二つの百年」とは、2020年以降の20年間において中国が迎える「中国共産党結党100周年（2021年）」「中華人民共和国建国100周年（2049年）」と言う二つの100周年を指す。

民斉しきものは強く

【出典】 荀況『荀子・議兵』

【原文】 士を好むものは強く、士を好まざるものは弱し。民を愛するものは強く、民を愛せざるものは弱し。政令信なるものは強く、政令信ならざるものは弱し。民斉しきものは強く、民斉しからざるものは弱し。賞重きものは強く、賞軽きものは弱し。刑威あるものは強く、刑侮らるるものは弱し。械用兵革の攻完便利なるものは強く、械用兵革のゆこ不便利なるものは弱し。兵を用うるを重むものは強く、兵を用うるを軽んずるものは弱し。権、一に出ずるものは強く、権、二に出ずるものは弱し。これ強弱の常なり。

【解釈】 民心が集う国は強くなる。

荀子が言うには、民心が集う者は強く、民衆が集わない者は弱い。春秋時期の呉国の将軍であった孫武は「孫子兵法」の中で、「上下の欲を同じうする者は勝つ」と書いた。二人とも強調しているのは人心の斎ということである。人心が団結してこそ、国家が強大になることができ、戦争に勝つことができる。

現在の中国における「四つの全面」戦略も戦争と同じである。挙国一致してこそ、目標を実現することができる。革命戦争時期、「上下の欲を同じうする者は勝つ」ために、規律は必要であった。改革が全面的に深化している今に至っても、規律は同じく大事なのである。その他、各改革は中央と地方の両方の積極性を十分に発揮しなければならない。指導者は、全面的に改革を深化する戦略に着眼すべきで、学習と実践を強化し、思想政治能力と組織能力、または複雑な矛盾を御する能力を高めなければならない。その上で、更に自信を高め、敢然と行動し、科学的に推進し、厳然と責任を背負うするべきである。いついかなる時も大衆の模範を示して、大衆を指導して一緒にする同時に、民衆たちの積極性、そして参加度を強めていかねばならない。

法なる者は、治の端なり。

【出典】荀況『荀子・君道』

【原文】法なる者は、治の端なり、君子なる者は、法の原《もと》なり。

【解釈】法は治世の端である。

「人治」と「法治」は、社会管理の完備度、そして現代化を判断する基準である。歴史から読み取れる多くの教訓は、法治が欠けていたこと、また個人の意向が制限されなかったことと関わっている。そのため、「四つの全面」のうち、全面的に法に基づく国家統治を推進するということは、小康社会の全面的完成、改革の全面的深化の重要な保障だと言える。同様に、国の管理能力と管理体系が現代化される中、法に基づく国家統治も重要な一環である。

そもそも、法とはいったい何であろうか。それは、規則、制限、契約、公正であり、全社会を規制する共同の準則である。だれでも、どの組織でも従うべきものである。同時に、ただ法令の量と条文の完全性を盲信しているようでは、法に基づく国家統治とは言えない。なぜなら、根本的には、法律は人によって実施されるからである。そのため、法律体系を完備したうえで、必ずそれに依拠し、法に違反した者は必ず追及するということが重要である。裁判の案件が公正であるかどうか、それは我々一般人と密接に関わる利益である。法治が輝くかどうか、法律を執行する者、そして法をつかさどる者が公正であるかどうか次第なのである。

其《そ》の作《おこ》る始《はじ》めや簡《かん》、其《そ》の将《まさ》に畢《おわ》らんとするや必《かなら》ず巨《きょ》。

【出典】 戦国・荘子『荘子・人間世』

【原文】 其《そ》の作《おこ》る始《はじ》めや簡《かん》、其《そ》の将《まさ》に畢《おわ》らんとするや必《かなら》ず巨《きょ》。

【解釈】 事物あるいは現象は、興り始めは簡素で注意をひかないものだが、変化によって大きな影響をもたらし、社会の進歩を促す。

殆ど全ての偉大な事業は目立たない段階からはじまる。たくさんの例が取り上げられる。例えば、現在世界第2位の経済体を率いて中華民族の偉大なる復興を目指す「中国の夢」に努力する中国共産党は、結党した1921年の時点では全く注目されていなかった。当時は誰もが、その先百年間に起こることを予想できなかったのである。

偉大な事業の実践者たちは、このような目立たない段階に耐えることが必要である。まず平凡的な小さなことから始めて、はじめは苦労して事業を推し進める必要がある。すべての困難やチャレンジに対して、必勝の勇気と自信を持って、中国特色社会主義を全新の高度まで推し進める。そして、この過程の中、現実に対してはっきりしている認識が必要である。その上で、冷静な意識でチャレンジに対応しなければならない。

前事の忘れざるは、後事の師。

【出典】『戦国策・趙策一』

【原文】前事の忘れざるは、後事の師。

【解釈】過去の経験を忘れなければ、今後の教訓になる。

過去を忘れることは、裏切りを意味しているとよく言われる。歴史の中には経験があり、教訓もある。歴史というは、一番良い先生だからである。

中国では千百年来の歴史を編纂する歴史がある。商周時代から、朝廷は「史官」職を設け、君主のすべての言行を記録した。史官は性格が俗離れしていて、強く正直で、ありのままだけに記録した。史官たちが歴史だけに責任を負っていたからである。新しい王朝は政権を握った後、一旦政治が安定すると、詳細に前代の歴史を整理し歴史書を編纂した。その目的は、ただ学術上の研究のためだけではなく、今の国家と統治の教訓とするためである。歴代を編纂した書物の集大成として、『資治通鑑』が挙げられる。曰く「往事に鑑みて、治道に資する」。

その故に、歴史は中国人の思想世界を開ける鍵である。

橘《たちばな》淮南《わいなん》に生ずればすなわち橘と為るも、淮北《わいほく》に生ずればすなわち枳《からたち》と為る。

【出典】『晏子春秋・雑下の十』

【原文】晏子将に荊に使ひせんとす。荊王之を聞きて、左右に謂ひて曰く、「晏子は賢人なり。今方に来たらんとす。之を辱めんと欲す。何を以てせんや」と。左右対へて曰く、「為し其れ来たらば、臣謂ふ一人を縛し、王を過ぎて行かん」と。是に於て荊王晏子に与立ちて語る。一人を縛し、王を過ぎて行くもの有り。王曰く、「何為る者ぞや」と。対へて曰はく、「斉人也」と。王曰く、「何にか坐せる」と。曰く、「盗に坐せり」と。王曰く、「斉人固より盗するか」と。晏子之を反顧して曰く、「江南に橘有り、斉王人をして之を取ら使めて、之を江北に樹うるに、生じて橘と為らずして、乃ち枳と為る。然る所以者何ぞ。其の土地之をして然ら使むるなり。今斉人居斉に居りては盗せず、之を荊に来たせば盗す。土地の之をして然ら使むる無きをや」と。荊王曰く、「吾子を傷はんと欲して反って自ら中つるや」と。

【解釈】江南に橘の木があり、江北に植えると、橘ではなく枳が生えてきた。橘《たちばな》淮南《わいなん》に生ずればすなわち橘と為るも、淮北《わいほく》に生ずればすなわち枳《からたち》と為る。

イギリスは立憲君主制を実行していて、今までも衰えていない。イギリスの女王（国王）、王子などは、国家の象徴、国家形象の重要な要素とされている。昔、イギリス人は、アメリカ大陸にて、多くの民族や人種と共にアメリカを建国し、イギリスとは異なる制度を建立した。それは民主共和制であった。もし立憲君主制をアメリカに移転すると、どのような状況になるだろうか。「江南の橘、江北の枳となる」のとおり、立憲君主制はイギリスに適応するが、強いてアメリカに移転すると、その土地になじまないのは当然のことである。今のアメリカはイギリスの制度を継続せずに、かえって自分の制度と価値観を輸出し続けている。これはパラドックスである。中国は包容力を持っているが、国外の政治文明の成果を鑑みる必要があるし、鑑みることに長じるが、それは中国の政治制度の根本を放棄することを意味するではない。歴史上には、56民族の13億の人口を統治する経験が中国の他にはないからである。なので、他の国々には中国を評論する立場と資格がない。中国の土地に根をはって、十分な養分を吸収した方策と制度こそ、最も頼もしく、実用的である。これこそ、中国特色社会主義である。これこそ、中国が「道路自信」を強調している理由である。

積力の挙ぐるところは、則ち勝たざる無く、衆智の為す所は、則ち成らざる無き也。

【出典】 西漢・劉安『淮南子・主術訓』[1]

【原文】 而して人に君たる者、廟堂の上を下らずして四海の外を知るは、物に因りて以て物を識り、人に因りて以て人を知れば也。故に積力の挙ぐるところは、則ち勝たざる無く、衆智の為す所は、則ち成らざる無き也。

【解釈】 力を集めて行動を取るなら、何でも打ち勝つことができる。衆知を集めてことを行うならば、どのようなことでも成功できる。

1 『淮南子』は劉安及びその食客が共に編纂した哲学の著作である。この本は、先秦の道教の思想を受け継ぎ、陰陽、墨、法、及び一部の儒教思想の影響を受けて成立した。しかし、その主旨は道家に属する。『淮南子』の原書は内篇21巻、中篇8巻、外篇33巻である。現存しているのは内篇の部分だけである。

この名句は「団結は力なり」と理解される。団結というのは、二つの面に分けられる。一つの面は体力であるのに対して、もう一つは智力である。「力」も「智」も結集することによってこそ効果を発揮できる。国家統治の角度からみれば、これを実現するには二つの点をつかまなければならないのである。まず、大衆の中から知恵と力を発掘すること。もう一つは、それらの知恵と力を招集すること。これは研究に値する学問である。しかし、国家統治者から企業や家庭の管理者に至るまで、それは研究に値し、よく対応しなければならないのである。

賢い人は時に従って変わり、知恵がある人は世に従って制を定める。

【出典】 漢・桓寛『塩鉄論』

【原文】 賢い人は時に従って変わり、知恵がある人は世に従って制を定める。子曰わく、麻冕《ま》は礼なり。今や純《いと》なるは倹《けん》なり。吾《われ》は衆《しゅう》に従《したが》わん。

【解釈】 賢い人は時勢によって戦略と方法を調整する。知恵がある人は事物の発展によって相応する管理方法を定める。

この言葉の表すところは明白である。即ち、国家や社会の統治者たちが、何によって政策と戦略を制定するのか。

「明者」、「智者」は政策を定める統制者である。つまり各級の指導者を指している。改革発展の中、彼らは重要な少数である。彼らが責任を負い、科学的に政策を定めてこそ、各事業の成功が約束される。もし彼らが成果を挙げなければ、我々は倍の仕事で半分の成果しか得られないのである。

「時」と「世」というのは、時勢と世情のことを指している。それは政策を決定する根拠であり、政策を設定する根拠でもある。即ち、今よく言われる「実事求是（事実に基づいて真実を求める）」、また「与時俱進（時代と共に進む）」ということである。

同様に、強力にイノベーションを唱える今において、事実に基づいてこそ技術革新ができることをはっきりと認識しなければならない。「人生はもとより、現状に甘んじる者に傾くことなく、また他人の仕事の成果を享受するだけの者を待たず、イノベーションをする勇気がある者また長じる者にのみチャンスを与える」。実際を重んじることと、イノベーションは、実践していく中で同時に達成することができる。真実を追求し、実際を重んじることを前提としてこそ、革新の成果を収穫できるのである。

国を治むる者は、民を富ますをもって本となし。

【出典】東漢・王符『潜夫論・務本』[1]

【原文】国を治むる者は、民を富ますをもって本となし、学を正すをもって基とす。

【解釈】国家を統治する者にとって、民衆を富ませることが根本である。

1　王符（85―162年）、字を節信といい、安定臨涇（今の甘粛省慶陽市鎮原県）の人である。後漢の政論家、文学家、思想家、無神論者。世俗、政界の醜悪なさまに憤り、隠居して書を著した。名を顕彰することをいとい、書名を「潜夫論」とした。その後は生涯仕官することがなかった。『潜夫論』は治国安民の術を検討する政論文章であり、哲学問題も含まれ、36篇が現存している。後漢の政治社会に対して鋭く批判し、政治、経済、社会風俗など様々な方面に及んでいる。後漢の社会の「本末転倒」、「名実相伴わない」などの暗部を指摘し、古典から典故を引用し、当時の統治者への警告とした。王符は治乱、禍福の本源を統治者の蒙昧によるものとし、治国の希望を明君と賢臣に託した。『潜夫論』は書かれた年代が古いため、文章が晦渋難解で、また欠字も多く、各々の訳者が独自の見解を持っており、今に至るまで意味不明の部分が残されている。

「獲得感」は今の中国で流行っている言葉である。中国の全ての改革は、民衆の収穫感を重要な導きとして展開されている。「国を治むる者は、民を富ますをもって本となし」という言葉における「民を富ます」とは、人民を富裕にすることだけではなく、人民を幸福にすることをも指している。これと最も関連性がある言葉としては、「的確な貧困対策」である。計画では、中国は２０２０年までに小康社会の全面的達成を目指している。そのため、２０１５年11月に行われた中国共産党中央委員会の貧困対策開発仕事会議にて、中央委員会は貧困を扶助する「命令状」について言及し、「的確貧困脱却の責任書にサインし、命令状を時刻に伝達」した。貧困脱却は、古今東西を問わず国を治める中で重要視されてきた。「天下の治乱は、一姓の興亡にあらず、万民の憂楽にあり」。貧困脱却は全面的小康社会を予定通り達成できるか否かにかかっており、最も重要な懸案である。

足寒ければ心を害し、民貧しければ国を害す。

【出典】 東漢・荀悦『申鑒』[1]

【原文】 足寒ければ心を害し、民貧しければ国を害す。

【解釈】 足が寒くなると、心臓を損なう。民衆が貧しくなると、国家を損なう。

1　荀悦(148—209年)、字は仲豫。中国後漢末の政論家、史学家。幼い時から聡明で勤勉であった。家が貧しく書が無かったので、人の所に行って書を一読すると、大体暗誦することができたという。霊帝の時代は宦官が権力を握っており、多くの者が退いて隠居していた。荀悦も病と称して隠居した。献帝の時、荀悦は鎮東将軍曹操の幕府に招かれ、黄門侍郎に遷った。その後、昇進を重ねて秘書監、侍中となった。『申鑒』は荀悦の政治、哲学論の書作であった。『後漢書』によると、当時は権力が曹操に移っており、荀悦は献帝を補佐しようとしたが、謀が用いられることもなかった。そこで荀悦は『申鑒』を作って献帝に献上した。全書は「政体」、「時事」、「俗嫌」、「雑言」など5篇がある。その内容は讖緯（予言書）を非難し、土地合併を反対するものであった。また、統治者は農業と養蚕業を発展させ、是非を判断し、文教を宣伝し、軍備を建設し、賞罰を明白にすべきであると主張している。この書には、荀悦の社会に対する政治思想が反映されている。

どの国においても民衆が基礎である。民衆の感情を害せば、国家に失望し政権を転覆する気運が起こりやすい。その場合、この国は安定できなくなる。中国共産党は従来、大衆とのつながりを重んじてきた。民衆は中国共産党の執政の礎石である。また中国人民政権の成立は、中国の抗日運動、解放戦争の勝利を礎としている。その過程では、大衆の動員が一つの重要な要素であった。

同様に、会社の管理においても、従業員の充足感が重要である。一人一人の普通の個体によって仕事の目標が達成されてこそ、会社が成り立つからである。もし社員たちが会社に満足できなければ、仕事量に対し人員が過剰になったり、離職率の上昇を招く。どのような場合であれ、そのような状況に陥ってしまうと、会社にもたらす経済的損失や他の評価できない損失は想像できないほど膨れ上がるのである。

法令行《い》けば則ち国治まり、弛めば国乱なり。

【出典】漢・王符『潜夫論・述赦』

【原文】国、常治無く、常乱無し。法令行《い》けば則ち国治まり、弛めば国乱なり。

【解釈】法令を執行できれば、国家を治めることができる。法治が緩めば、動乱が発生する。

「法令行けば則ち国治まり、弛めば国乱なり」の「行」は、「実施する」という意味である。「全面的な法に基づく国家統治」の鍵としては、「法律の実施」である。法律の生命力と権威性は、完璧な実施と結びついている。まず、各級の国家の行政機関や、司法機関そして国家検察機関は、法律を実施する主体であり、法律の実施に対して責任を負わなければならない。法があるのに従わない、厳しく法律を実施しない、法律に違反するのに責任を追究しないなどの現象を決然として是正しなければならない。権力を利用して私利をはかること、権力をもって法律を抑圧すること、私利をはかって法律を歪めることを絶対に懲罰し、民衆の合法的権益の侵害を取り締まらなければならないのである。

その一方で、各級の管理職は自覚的に法律の実施を推進すべきである。各級の行政機関は法によって職責を履行すべきであり、「法定職責を必ず全うする」、また「法令によって職権を与えられていないことは絶対に行わない」原則を堅持すべきである。どの組織や個人でも法律を超える特権を持つことは許されない。身分をとわず誰でも法律を凌駕し、私利をはかって法律を歪めることは許されない。また、司法権力を私利をはかる武器として用いることも許されないのである。

功は才を以て成じ、業は才に由りて広ぐべし。

【出典】西晋・陳寿『三国誌・蜀書九』

【原文】今は方《まさ》に強賊《きょうぞく》を掃除し、一の函夏《かんが》を混し、功は才を以て成じ、業は才に由りて広ぐべし。若し此れを捨て任せずして、其の後患を防がざらば、是れ猶備らかなり、風波有りて逆に舟楫を廃れ、長計に非らざるなり。

【解釈】功績は才能によって成し遂げられ、事業は才能によって広げられる。

国を発展させようとした際に、実践できる人材がいなければ、発展はただの空想になってしまう。人材的優勢がなければ、革新の優勢、科学技術の優勢、また産業の優勢も持ち得ない。そのため、どのように合理的に人材を活用するかによって、統治者の執政能力を推し測ることができる。国を治めるには、人材を引き寄せる強力な手腕が必要とされるのである。人材の育成と招集は、人材を見分ける目、人材を使う器量と見識、人材を受け入れる度量、また募集のための良策が必要である。人材を集めるシステムを整え、その才能を充分に発揮させる環境を作り出すべきである。既存の人材の力量を存分に発揮させ、同時に各地から人材を寄せ集める。良い環境を作り出し、研究所や高等学校などエリートを育成できる設備を築かなければならない。知的財産権を守るシステムを強化し、創新の原動力を掻き立てる。それぞれの人材の創造性が先を争うように湧き出してこそ、各領域の繁栄が実現できる。

文の変わるは世の情に染み、興廃は時序に繋ぐ。

【出典】 南朝・梁・劉勰『文心雕龍・時序』[1]

【原文】 故に知る、文の変わるは世の情に染み、興廃は時序に繋ぐ。原始は要を以て終る。百世なると雖も、知るべきなり。

【解釈】 文章の変化は時代状況と関わっている。文体の盛衰は時代の盛衰と関わっている。

1 『文心雕龍』は、中国・南朝梁の劉勰が著した文学理論の書である。中国文学史上で有数の体系的、かつ総合的な文学理論の書として評価されている。五世紀の末、南斉の末期（公元５０１—５０２年）に完成したと推測される。その書名は道家の環淵の著作『琴心』に由来する。

中国古代文学の伝統の中に、「詩教」というものがある。「詩教」とは、詩を以って教化することを指す。ここでの「詩」は、広い意味での「文学」を指している。『六経』中の『詩経』は、その中において最も権威のある古典である。「詩教」は「風教」とも呼ばれている。その中における重要な理論としては、文学と社会及び国家との関わりの論である。この理論によると、社会風潮が素朴である時、その詩や、文学の形式も素朴である。例えば倫理を含める「風」、「雅」、「頌」が取り上げられる。しかし、社会が混乱に陥り、国家が衰えて、綱紀が乱れてくると、意気消沈の「鄭声」が出たし、風刺の声である「変風」や「変雅」といったものも現れた。詩人たちはこのような曖昧な方法で執政者に忠告する他になかったのである。詩教の理論とその変体は、中国伝統文学における重要な流派であり、主流の地位を占めていた。その後に至っては、「文を以て道を載せる」、「文章は時の為に著すべく」に発展した。劉勰の言葉も、類似の意味を伝えている。例えば、よく軽く見られる「宮体」、「六朝体」は、消沈また華麗な風格でその時代の軟弱と無能を反映している。一方、唐朝に盛んであった「辺塞詩」は、唐の男気と英雄的気概を表している。異なる時代は異なる文体を育んでいる同時に、文学の風格は知らず知らずのうちに時代の心理に影響を与えている。

今の社会にとって、この観点は一体どのような意義を持っているだろうか。実に、文学と文学作品が社会風紀や心理道徳にもたらす影響を重視すべきである。よく言われるように、「良い本を開けば利益を得られる」が、そのためには、良い本と良い作品を広めることが必要である。現代においても、この「教化」は陳腐で無意味などではなく、大いに役立てることができる。この面のおいては、アメリカ、韓国、ヨーロッパの映画、テレビ、音楽や文学の対外伝播は、我々にとって学ぶ価値がある。

難多くして以て邦國を固くす、殷憂し以て聖明を啓く。

【出典】 劉琨『勧進表』

【原文】 或いは難多くして以て邦國を固くす、或いは殷憂し以て聖明を啓く。

【解釈】「難多くして以て邦國を固くす」は、多難多災難の局面においては、人々を励まして国を治め、危険な状態から安全に転じて復興させることができる、という意味である。「殷憂し以て聖明を啓く」というのは、事を行う前に熟慮し、繰り返し思考を重ね、またこのような憂患意識を常に保つことができれば、人々の知恵と潜在能力を高めることができ、事業を成就させ、聖人となることさえできるということである。

曾国藩の「安逸は失敗の成因」という学問上の格言がある。人々に精神力が欠けていれば、士気が下がって怠惰な風潮が広まり、油断するようになる。楽をすることばかりを考え、苦労を厭うのは人間の天性だからである。順境と逆境のどちらが有能な人間になるために役立つのか、これは昔から続く論争である。順境に在って出世を重ね、逆境に在って苦労を重ねる。一生のうち、必ずこの二つの状況に遭遇するが、どのように状況に応対するかによって、その人間の成果に直接な影響を与えることができる。順境の際に万一に備えて油断せず、逆境の際にも元気をだして頑張り高みを目指すこと、これが「殷憂し以て聖明を啓く」である。命とは鏡のようなものであり、よく研がなければ光は出ない。

人も国も同じである。歴史上には歌や踊りにふけって衰えた王朝が数多く存在する。「山外《さんぐわい》の青山《せいざん》　楼外《ろうぐわい》の楼《ろう》、西湖《さいこ》の歌舞《かぶ》　幾時《いくとき》か　休《やす》やまん。暖風《だんぷう》　薫《かおり》かをり得《え》て　遊人《いうじん》　醉《すい》ゑひ、直《ひたすら》　杭州《かうしゅう》を　把《つて》　便《べん》州《しう》と　作なす。」結局のところ、安逸は民族の闘志を大いにすり減らしたのである。

近代以来、中国は莫大な苦難に耐えてきた。それと同時に、優れた成果も生み出してきた。中国の民族意識は侵略者に踏みにじられた時より目覚めはじめたのである。そのため、私たちが歴史を振り返る際には、多くの苦難を顧みるだけではなく、苦難がもたらした勇敢さと粘り強さにも感謝を向けるべきである。「難多くして以て邦國を固くす」という言葉の通り、戦時の侵略への抵抗にも、平時の改革にも、難問が群がり押し寄せてくるが、これは復興の過程における試練と言えるのではないだろうか。

知らず何れの處か是れ他郷

【出典】唐・李白『客中行』
【原文】但　主人の能く人をして酔わしめば、知らず何れの處か是れ他郷。
【解釈】主人が呈したこんないい酒を飲めば、客は必ず酔ってしまう。どこが故郷か、わかるだろうか。

これはよく望郷の作と見られる。異郷において故郷への思い出を表しており、些かの感傷が見て取れる。一方、この名句についてはもう一つの解釈がある。即ち異郷の主人のもてなしを受け、景色も美しく、はじめて異郷に来た客の不安を解消した。そこで異郷にも故郷のような帰属感を得ることができたのだ、という解釈である。国家統治において、順調に都市化を実現させ、農民たちを都市部に移住させるには、どのようにすれば良いのだろうか。執政者が柔軟に政策を設定し、移住者の配置をよく考え、都市部に移住させれば、彼らは必ず新たな住処に満足するであろう。

千篇の著述誠に得難し、一字の知音易に求めず。

【出典】唐・斎己『謝人寄新詩集』

【原文】千篇の著述誠に得難し、一字の知音易に求めず。

【解釈】長編の論は得難く貴重であり、一字で作者の考えを読み解く知己は求め難い。

人々は様々な方途で勉強を行い、多方の意見を聞いて学習を進める。長編理論の著作から勉強するのは基礎であるが、画竜点睛の如く的を射た意見を言ってくれる知己があれば、さらに効率的に学習を進めることができる。国や政党を治める時も同じである。基礎的な思想理論を勉強しなければならない一方で、「一字の知音」を探し、意見を求めるべきである。中国の多党合作と政治協商制度は、この古典の智恵を伝承した上での壮挙である。中央であれ地方であれ、政党協商という民主形式と制度をよく用いて、開放的な心理で知己を迎え入れるとともに、この環境を大切にし、相手と出会うたびによく相談すれば、共通意識の造成を達成しやすく、また知恵と力を凝集しやすくなる。だが同時に、他人の知己となるのは容易いことではなく、話すときに根拠や道理、度合また内容が充分で、政治に参加するや意見を述べる時、要点をつかめば、良い実積を獲得することができる。

来者を聞き失し可らず者は、時なり。蹈而して失し可らず者は、機なり。

【出典】宋・蘇軾『代候公説項羽辞』

【原文】臣来者を聞き失し可らず者は、時なり。蹈而して失し可らず者は、機なり。

【解釈】時間を無駄に流れゆかせてはならず、機に遇えば逃してはならない。

中国人にとって、時間とは物理的概念や計算に用いる尺度にとどまらず、今まさに蓄積されゆく歴史そのものである。だから我々は「時代と共に進む」ことを強調している。時代の流れのなかで、多くの社会体制が過ぎ去っていったが、時によって情勢が変わるように、体制の在り方も時代とともに移り変わっていく。

中国人にとって時と機は世界を理解する法則であり、実践の導きである。それは機会は人々を待たないからである。なぜ改革の推進には緊迫感が必要だといえるのだろうか。それは改革が深化している今の中国においては、経済は「3期重複」にあり、つまり成長速度の変換期、構造調整の陣痛期、過去の刺激策の消化期の同時到来にある。金融危機が勃発した後、経済成長が鈍化し、輸出による経済成長が限界効用の逓減に陥った。この数年間で生じた、投資による成長がもたらした生産能力、在庫過剰、高いレバレッジなどの後遺症は、長い時間をかけて緩和していく必要がある。従来の方策が退潮の兆しを見せているため、発展に向けた道程を変更しなければならない。そこで、革新、協調、グリン、開放、共有の五つの発展理念が提出され、供給側の改革の戦略が配置され、また五つの任務も開展された。

「危機の中にも好機がある」。歴史の発展は弁証に満ちている。目の前の困難は、改革の良い機会かもしれない。辛さは避けがたいが、我々は次の発展のチャンスに出会うために自らを調整しなければならない。

善く病を治る者、必ず其の病を受くる処を医す。善く弊を救う者、必ず其の弊の起る原《みなもと》を塞ぐ。

【出典】宋・欧陽修『欧陽修文集巻四十六・準詔言事上書』

【原文】善く病を治る者、必ず其の病を受くる処を医《いや》す。善く弊を救う者、必ず其の弊の起る原《みなもと》を塞ぐ。今、天下の財用困乏《こんぼう》し、其の弊は安《いず》んぞ在るをや。于兵を用いて費《ついや》し大きに於いて起るが故なり。

【解釈】良い医者は、かならず病気の部位に応じて癒す。社会改革に長じる人は、必ず問題の根源を探って治す。

この言葉は「病を治すこと」を「国家統治」にたとえている。国家統治は発展の欠陥の成因を解明しないと徹底的に解決できないのである。

国際社会においても、各国が共通認識に達成するために、中国は問題解決の方法を提議している――表面上の問題を処理するだけでなく、根本から問題を解決してこそ長期的な利益を得られる。これまでの成果を実現させると同時に、新しい共通認識を造成する。国内で措置を取ると同時に、自らも履行するよう求める。団結して協力すると同時に、共同してチャレンジに直面するべきである。

繋ぐ者は解くことを得

【出典】宋・恵洪『林間集』

【原文】法燈泰欽禅師少《わか》くて解悟《げご》し、然《しか》れども、未だ人に知られず。独法眼禅師、深く之れに奇《あや》し。一日、法眼、大衆に問いて曰わく。虎の項《くび》の下の金鈴《きんれい》を、何人《なんびと》ぞ解《と》くことを得るや。衆は無きを以て対す。泰欽適《まさ》に至るべく、法眼は前を挙げて語りて之れを問く。泰欽、曰わく。大衆は何ぞ道《い》わざるや、繋ぐ者は解くことを得、と。

【解釈】問題を起こした当人が問題を解決すべきである。

泰欽禅師の答えは一見して文字遊びのようであるが、その実、これこそが巧妙的に矛盾を解消できる方法である。

中国には「我慢して一時の平穏を得れば、後に一歩を踏み出すことができる」という熟語がある。双方が一触即発の状態にある際に、緊張を緩和できたならば、矛盾の緩和に役立てることができる。しかし、緩和だけでは問題を解決することはできない。双方が心理的慰めを感じたとしても、その問題が解決されたということにはならないのだ。

矛盾を解消するためには、まず責任者を明確にしなければならない。一体誰が先に矛盾を引き起こしたのか、また誰が紛争を呼んだのかということは重要である。国家間において、特に歴史問題について検討する際には、まず責任を負う側を明確にすることが基本的なルールであり、「一笑いで、怨恨が消える」のように粗末的に処理すべきない。

中日両国は歴史問題に関して、未だに紛争を続けている。中国では、歴史の問題だから、未来に向かうべきという理由で日本との妥協と主張する人もいる。彼らには、戦争に責任を負う側を明確にしなければ、犯罪の容認になってしまうという自覚がない。事実が事実であり、公理が公理である。そのため、誰であれ事実を無視して出任せを言うことは許されない。それは戦勝国の尊厳を意味している。歴史を忘れないということは、永遠に憎悪し続けるということではなく、歴史を手本としたうえで、未来に向かって、平和を守ることを意味している。

中日両国のわだかまりを解くには、中国に我慢させるのではなく、日本側に戦争発動の責任を取らせなければならない。「トラの首に鈴をつけた人こそ、その鈴を取りはずすことのできる人だ」言った通り、戦争を誘発した事実を認知することは、国としての責任感の体現である。

水に近き楼台は先ず月を得る

【出典】宋・兪文豹『清夜録』

【原文】水に近き楼台は先ず月を得る。

【解釈】水辺の建物では、他所より先に月を見ることができる。また、太陽に向かって成長する花は、より早く春を迎えられる。これは本来、景色を美しく描いた詩であるが、今では世間の例えとして多く用いられる。

人類の歴史上、権力は終始邪悪で魅力的な存在である。邪悪というのは、規則に縛られない権力は、かごから出た猛獣のように人を喰らうからである。魅力というのは、人間は権力を手に入れられなければ発展を促すことができないからである。野心家であれ、革命家であれ、いずれも必死に権力に走っている。しかしながら、どの時代においても、実際に権力を手にすることができる者は社会の少数派である。一方、どの権力の周りにも、既得権益層が集まっている。それらの人たちは、権力に接近することによって、資源を独占し、もっと巨大な利益を得ようとたくらんでいる。

彼らは高官で権勢のある人かもしれないし、蔭に隠れて違法行為をはたらく人かもしれない。いずれも政策の崖の縁に走って、権力と癒着する。多くの汚職事件の中に、高官の周りにわんさと押しかけた商人たちが見られる。権力と金銭との取引きは、汚職の永遠の話題である。

権力を制約するのは中国社会にとって難問である。権力に制限を加えないと、権力はブラックホールになりがちであり、資源を併呑し、社会の不公正を引き起こしやすくなる。

「水に近き楼台は先ず月を得る」。もともとこれは自然のルールである。この自然のルールを、権力と金銭のゲームにならないように我々は頑張らなければならないのである。

千軍は得やすく、一将は求めがたし。

【出典】元・馬致遠『漢宮秋』

【原文】千軍は得やすく、一将は求めがたし。

【解釈】千軍は得やすいが、一将は求めがたい。

今国力の競争の中で、人材資源は第一の資源である。現在の国家管理において、「一将は求めがたし」というのは、「人材は求めがたし」ということを指している。特に各業種における先行型の人材は求めがたいのである。今のところ、中国では人材の数が少なくないが、人材構造不足の問題が存在している。解決方法としては、まず力を入れて人材を活用し、柔軟性がある人材の管理制度を設立し、評価システムを改善し、人材の流動に打ち勝ち、ハイレベル人材にその才能を十分に発揮させることである。そして、教育体制を改良し、人材育成の質を高めるべきである。更に、海外の人材を吸引する積極策をとらなければならない。一旦相応しい人材が発見されると、必ずある分野や業界のイノベーションの活力を呼び起こすことができるし、もっと多くの人材に模範を示すことができる。

大厦の成りは、一木の材に非らざるなり。大海の闊《ひろ》さは、一流の帰に非らざるなり。

【出典】明・馮夢龍『東周列国誌』[1]

【原文】臣《よ》は聞く、大厦の成りは、一木の材に非らざるなり。大海の闊《ひろ》さは、一流の帰に非らざるなり。

【解釈】大きな家屋というものは、一本の木材だけでは完成せず、渺渺たる大海も、一本の川によって満たされてはいない。

1 『東周列国志』は中国の古代における歴史演義小説である。作者は明末期の小説馮夢龍である。小説は白話によって書かれた。その内容は、西周の滅亡を間近に控えた宣王から始まり、秦の始皇帝が全国を統一するまでに起こった、諸侯国の興亡を描いたものである。

一口食べただけで太ることはできない。一人の力だけで万里の長城を築くことはできない。大事を為すには、大勢の力と知恵を集める必要がある。馮夢龍が言ったとおり、「大厦の成りは、一木の材に非らざるなり。大海の闊さは、一流の帰に非らざるなり」。国家と民族は、家屋と海みたいのである。国家の繁栄と民族の復興は、皆で為すことであり、一本の木や一本の川だけでできたのではない。執政党としての中国共産党だけでなく、中国の多党合作と政治協商制度を堅持し、且つ改善する必要がある。ワーキングメカニズムを改善し、更に多くのプラットフォームを建て、民主諸党派と無所属議員たちの作用を発揮させるためにより良い環境を作るべきである。民衆の国家・民族・文化または中国の特色ある社会主義の道などに対してのアイデンティティーを積極的に引率するべきである。また、経済社会発展における宗教を信仰する人たちの作用を充分に発揮させることによって、民族団結、宗教との関係性を促進する。

名は天に作られずして、必ず其の実《まこと》に従う。

【出典】清・王夫之『思問録・外篇』

【原文】天の有する所に非らずして、名は人に因りて立つ。名は天に作られずして、必ず其の実《まこと》に従う。

【解釈】名称は自然に生まれたものではなく、事実に沿っていなければならない。

名と実は、弁証の関係である。「名は天に作られずして、必ず其の実に従う」王夫之の言葉は、事実に基づいて真実を求める思想を伝えている。事実に基づいて真実を求めるには、現実という出発点を堅持しなければならない。国を治めることや、民主を追求することも同じなのである。民主という「名」は多く存在し、それを実現する形も多種多様であるため、統一の評価標準がない。そのため、「実」こそが一番重要なのである。人民が民主的権利を享受するかどうか、それは選挙する際に投票権を持っているか否か、また日常政治に参加する権力を持っているかどうか次第である。

また、民衆が選挙の権力を持つか否か、民主意思決定、民主管理または民主監督の権利を持つかどうかということも重要である。

社会主義における民主には整った制度が必要であるし、参加と実践も必要である。人民が国家の主人公となるために、中国共産党の執政と国家統治を、必ず具体的かつ実際的に、各方面と各階層、更には民衆の利益となるよう実現させるべきである。

古人の規矩を以て、自己の生面《せいめん》を開く。

【出典】 清・沈宗騫『芥舟学画編』

【原文】 苟《いやしく》も能くその弊の長《の》びるべからざるを知る。是に於いて、自ら精意を出で、自ら性霊を辟《ひら》く。古人の規矩を以て、自己の生面《せいめん》を開く。襲わずして蹈《ふ》まず、而も天然に彀《まと》に入る。以て古人を揆《き》して同じく符すべし。即ち、以て後世に伝えて愧《はじ》なきべし。而も後に其れを「我れ」と為さしめて門戸を立つ。

【解釈】 古人がまとめた法則を以て、独自の新天地を切り開く。

この言葉は、人々は伝統文化から精髄を学ぶべきであり、また既存の経験を用いて、新天地を切り開くべし、ということを意味している。この対象に関しては二つの解釈がある。一つはイノベーションに関する解釈であり、もう一つの解釈としては、文芸作品に関してであると言われている。どちらの解釈にせよ、中華文化を伝承するためには、単なる復古ではなく、また盲目的な排外も行わず、古いものを現在のために役立たせ、外国のものを中国のために役立たせるべきである。また、弁証的に選択し、古きを退けて新しきを出し、否定的な要素を捨て、肯定的な思想を伝承し、中華文化の独創性の変換と発展を実現する。

簡単に言うと、素早くより良い未来の発展を実現するために、前人の経験を学んだ上で、方式と方法を革新しなければならない。

我れ天公に勧む、重ねて抖擻《とうそう》して、一格に拘《こだ》わらず、人材を降《くだ》せと。

【出典】清・龔自珍『己亥雑詩』

【原文】我れ天公に勧む、重ねて抖擻《とうそう》して、一格に拘《こだ》わらず、人材を降《くだ》せと。

【解釈】朝廷が元気を振るい起こし、こだわらなく人材を派遣する。

国家の発展において最も重要なのは人材である。では、どうやって人材を選抜するのか。龔自珍の詩が今に至るまで伝えられてきたのには、わけがある。「一格に拘らず人材を降する」という言葉が人々の琴線に触れたからである。革新が時代発展の原動力であり、人材が革新の基礎である。人材を選抜することにおいて、革新の意識が最も重要なのである。時代転換や経済発展モデルチェンジする段階においては、もっと革新的に人材を選抜するべきである。古代の中国において、従来の人材選抜に将来性がないと考えていたので、龔自珍はそのように呼びかけていた。今の時代になって、青年たちの才能を発揮する場は大いに広がった。我々はこれに喜ぶ一方で、もっと積極的に探求するべきである。もっと制度を完備し、緩い政策環境を作り出し、自発的な積極性を発揮するべきである。それによって、人材たちがその才能を十分に発揮し、また才能の効用を十分に発揮させることができる。

履《くつ》は同じからずして、足に適するを期す。治《おさ》は必ずしも同じからずして、民を利するを期す。

【出典】 清・魏源『古微堂・治篇』[1]

【原文】 江河の百源、一《ひと》たびに海に趨かば、江河の水に反して、復、山に帰る。得るをや。履《くつ》は同じからずして、足に適するを期す。治《おさめ》は必ずしも同じからずして、民を利するを期す。

【解釈】 靴は常に同じである必要はなく、足に合っていることが望ましい。国家統治の方法も常に同じである必要はなく、民衆に益することが一番望ましい。この言葉は、自分に相応しい道を探ることの例えである。

1 『古微堂集』は清の魏源により編纂された。10巻があり、内、外2集に分ける。内集は『黙觚』の3巻で、外集は序、記、議論など7巻である。

国家の統治能力の現代化とは何を指すのか。執政党の主な政策と国家の体制は、何によって評価されるのか。それは、実践によって評価されるべきである。制度を俯瞰してみると、中国が選択した道は歴史の必然である。具体的政策について言えば、実践も検証の基準である。例えば政策はうまく実施できるのか、政策は民生の発展を促すのか、ということである。一部の人々は、西洋の先進国を基準として中国の現実を評価すべきであると主張するが、これは道理にかなっていない。私たちは発展のなかで問題に直面し、随時その問題点を分析し解決すべきである。このためには、戦略に強い弾力性が必要である。それと同時に、困難と危険を恐れず、妨害に惑わされることなく、着実に改革発展を実行するべきである。

今のところ、多くの国々が自主的に発展の道を探求している。中国は自分で国家統治の経験を分かちあい、また古代と発展の中から知恵を取り入れることに励む一方で、他国が「自分に適する靴」「民衆に利する道」を切り開くことを応援している。

平天下編

中国では一般人も、古来より「天下」に関心を持ち、「天下が平らかに治まる」ことを望んできた。その根源は、中国文化に根ざした「天下観」である。

古人が重んじていた「格物、致知、誠意、正心、修身、斉家、治国、平天下」において、「平天下」は最終の目的である。それは卓越した能力が必要とされることであり、国家に期待することでもある。また政治家の理想であり、知識人の追求である。所謂「天地のために心を立て、生民のために道を立て、去聖のために絶学を継ぎ、万世のために太平を開く」ということである。また同時に、「平天下」は大衆の努力に依るものでもある。誰もが望みながら見当もつかないことではあるが、「天下の興亡は国民の一人一人に責任がある」ということである。

では「天下」とはいったい何であろうか。それは中国、世界、ひいては民心のことである。「平」とは何を意味するのだろうか。それは秩序、裕福そして安定ということである。民心を安定させてこそ天下を平らかに治めることができるのである。

今の中国にとって、「平天下」というのは「二つの百年」の奮闘目標、「中国の夢」の実現を指している。青写真が出たら、その先は幹部たちに任せる。まず党をよく治めてこそ幹部を統率することができるからである。また、全面的な厳しい党内統治してこそ党を治めることができる。古人の言葉には様々な「平天下」の知恵が含まれている。「郡県を治めてこそ天下を平らかに治められる」。中国の組織構造と国家政権の構造において、郡は上を受けて下を起こす肝要な位置にある。また、郡委員会が党の執政興国の「トップ司令所」であるなら、郡委員会の書記が「司令所の指揮官」である。「平天下」は容易いことではなく、血の滲むような努力と汗を注ぐ必要がある。

世界に目を向けると、天下はまだ安定していない。例えば、発展の問題は依然として存在するし、全体を見通すことすら難しく、形式保護主義が蔓延し、グローバル管理制度はまだまだ改善する必要がある。このような状況下で、中国は「一帯一路」を提唱し、アジアのインフラストラクチャ投資銀行を設立し、シルクロードファンドを設立し、「人間運命の共同体」を提案するなどしてきた。２０１６年には杭州で「二十カ国サミット」が開催され、グローバル経済の金融管理のために中国の構想を提出し、中国式の知恵を世界に披露したのである。

「利益を図る際には天下の利益をも図るべきである」。中国は「共に話し合い、共に建設し、共に分かち合う」、「親・誠・恵・栄」、「真・実・親・誠」「非衝突・非対立・相互尊重・協力共栄」を重んじる。本国の利益を追い求めると同時に、他国にも配慮を加え、天下に益すべきと主張している。「平天下」とは、道のことを指す。所謂「大道の行くなり、天下為公」ということである。

凡そ益の道は、時と偕《とも》に行わる。

【出典】『周易・益卦・彖伝』

【原文】彖に曰く、益は、上を損らして下に益す。民説《よろこ》ぶこと疆《かぎ》りなし。上より下に下る、その道大いに光《あき》らかなり。往くところあるに利《よ》ろしとは、中正にして慶びあるなり。大川を渉るに利ろしとは、木道すなわち行わるるなり。益は動きて巽《したが》い、日に進むこと疆りなし。天は施し地は生じ、その益すこと方なし。凡そ益の道は、時と偕《とも》に行わる。

【解釈】益の道は、時間とともに行われる。

中国人にとって、「時間」というのは哲学上の非常に重要な概念である。「時間」は単なる歴史の目盛りにとどまらず、人や世間への処し方でもある。時間は点の累積したものではなく、一つの「流れ」であり、線形トレンドで発展する。その後ろに歴史的進化の法則があり、それは「勢い」と呼ばれている。そのため、「因勢利導（事の成り行き・勢いに応じて有利に導くこと）」、「順勢而為（情勢に従って行動する）」を重んじる。つまり、何事もその歴史の後ろにある規則を徹底的に分析すべきであり、歴史の発展の勢いに順応すべきである。この道理は「凡そ益の道は、時と偕に行わる」という言葉に対応している。

国家間の関係においても、この道理を適用することができる。平和と発展が主流である現代社会において、国と国の関係を発展させるためには、互恵協力をして、両国の福祉を共同に促進すべきである。今世界秩序において、弱肉強食の法則を未だに適用するならば、グローバリゼーションの本質に反していると言わざるを得ない。国々は資本や生産の流通によって利害関係を持ち、武器の破壊力を向上させ、世界を火薬庫に変えようとしている。このような情勢は我々に、人類共通の運命を考えさせ、平和発展の「ウィンウィン」の道を選ぶよう促している。

友情の舟があっという間に沈んでしまうか否かは、我々が「人類運命共同体」の意味を正確的に理解できるか次第である。

二人心を同じくすれば、その利きこと金を断《た》つ。

【出典】『周易・系辞上』

【原文】二人心を同じくすれば、その利きこと金を断《た》つ。同心の言は、その香蘭《かおり》のごとし。

【解釈】二人が心を合わせて協力すれば、その力は金を断ち切ることができる。

一本の木だけでは林にならない。人間が大きな力を得るためには、友達や親友の助け合いが必要である。「大勢で薪を拾えばたき火の火は高くなる」という言葉がある。多くの人が力を合わせれば物事を立派に成功させることができる。同様に、中国が掲げる国際交流「平和五原則」のうち、一つは「平等互恵」である。国際政治が複雑で、脅威と挑発が途切れない状況にある今、友好国との友情を深めることは、紛れもなく国際的挑発に対抗する有効な手段である。世界情勢がどのように変化しても、パートナー諸国と協力し、ともに困難をきりぬけば、「泰山を移すことさえできる」。経済発展の困難にあっても、政治情勢の困難にあっても、みんなで心を合わせて困難を克服する信念を持つことができれば、穏やかな発展の国際環境を共同で維持することができるし、それぞれのリスクやチャレンジも克服できる。このような「オープニング・ウィンウィン」心があってこそ、責任感を持つ大国としてのイメージが樹立できる。

既くもって人のためにしておのれいよいよ有し、既くもって人に与えておのれいよいよ多し。

【出典】『道徳経・第八十一章』

【原文】聖人は積まず、既くもって人のためにしておのれいよいよ有し、既くもって人に与えておのれいよいよ多し。天の道は、利して害せず。聖人の道は、なして争わず。

【解釈】『聖人』は何も蓄えず、全ての力を人のために出し、かえって豊かになる。「天の道」は万物に利益を与えて、害を与えることはない。「聖人の道」とは、人と争わないことである。

「ウィンウィン」は知恵である。個人生活においても、国際関係においても同じである。他者との協力提携を決めた以上は、隅々まで他人を配慮しなければならないのである。相手の利益最大化を実現するよう協力し、相手の身になって考えてこそ、本当の意味での「ウィンウィン」が実現可能となる。

中国は、協力・ウインウインという理念を抱きつつ国際社会に臨んでいる。中国の夢は世界の夢と互いに応じ合って行い、発展の中で絶えず戦略的なドッキングと相互補完を実現し、協力して繁栄の道へ進んでいる。

萬邦《ばんぼう》を協和《きょう》する

【出典】『尚書・堯典』1

【原文】九族《きゅう》既《すで》に睦みて、百姓《ひゃくせい》を平章《べんしょう》し、百姓昭明《しょうめい》にして、萬邦《ばんぼう》を協和《きょう》する。

【義解】まず自分の宗族をよく治めて、自分の国を治めれば、国々を団結させることができる。

1　『尚書』は、『書』、『書経』とも呼ばれる。中国史上初の歴史文集である。その中に記載されているのは、夏・商・周三代の誓・命・訓・誥（皇帝が下す命令）などの公文である。文章は難解で読みづらい。『漢書・藝文誌』によると、『尚書』は本来百篇があり、孔子により編纂されたという。秦の焚書坑儒の後、漢の初期に古・今二つの伝本が発見された。漢時代に壁中から探し出された『尚書』が、当時の人にも読めるように、漢時代の通行文字（今文）で書き改めたので、「今文尚書」と呼ばれる。「今文尚書」は29篇があり、伏生により書かれたと伝えられている。一方、漢の景帝のとき、魯の恭王が孔子の旧宅の壁中から得たものは、古い文字で書かれていたので、「古文尚書」といわれている。

「古文尚書」は「今文尚書」より16篇多かったが、この16篇は後に散佚した。西晋の永嘉の乱の後、「今文尚書」も散逸した。現存の『十三経注疏』における「古文尚書」は58篇あり、その中の33篇は漢の伝本とほぼ同じだが、残りの25篇は東晋人の偽作である。清の孫星衍の著書『尚書今古文注疏』は、それらの偽作を捨て、改めて29篇を整理し、本来のテキストを復元した。現在も『尚書』研究上の重要な文献である。

中華民族が古来より唱え続けてきた「協和万邦」、「兼愛非攻（全ての人を愛して他国を攻めず）」という理念は、平和を主張する伝統的な思想である。これが今の中国がアジア諸国との交際で「平和五原則」を提唱し続ける理由である。この伝統的思想は、平和だけでなく、団結協和も指している。「平和五原則」には四つの「互」と一つの「共」が含まれており、アジア諸国の国際関係への期待を表し、各国の権力層に、義務、そして責任の面で統一された国際法治精神を持つよう促している。中華民族が誕生した60年以来、平和五原則は既にアジアのみならず、世界に向かって歩きだし、また国際情勢の変化の試練を経ることによって、強大な生命力を示している。

天の視るは我が民の視るにしたがい、天の聴くは我が民の聴くにしたがう。

【出典】『尚書・泰誓』

【原文】天の視るは我が民の視るにしたがい、天の聴くは我が民の聴くにしたがう。

【解釈】上天には眼がないので衆生の目を眼としている。上天には耳がないので衆生の耳を耳としている。

上天が見るものは、衆生の目に映ったものである。上天が聞くものは、衆生の耳に入ったものである。「天の視るは我が民の視るにしたがい、天の聴くは我が民の聴くにしたがう」。上天の心は衆生の心と同じであり、上天の評価は衆生の評価と同じなのである。この話には、素朴な民生思想が含まれている。「人間本位」民衆の声に耳を傾けるのは、中国共産党の執政の特徴である。民生を配慮しながらも、民衆の利益を重んじ、民衆の期待に応えるよう心掛け、民衆の要望に耳を傾け、如実に民衆の願望を反映し、民衆の苦しみを気遣うべきであるとされている。政務の重点を民衆に置き、実際に組織の下部、また民衆に深く入り、民衆の状況を知り、憂いを解決し、不平不満を解消し、民心を暖めるべきであるとされている。民衆のためにできるだけ多くのことをして、満足させて、大衆の意欲と創造力を充分に呼び起す。それと同時に、民衆の声に耳を傾ける必要がある。「衆生の目を眼としているなら、何でも見える。衆生の耳を耳としている聞くなら、何でも聞ける。衆生の心を心として考えるなら、何でも知ることができる」。民主集権制を通して、広く言論発表の道を開いて、広く衆長を集め、民衆が一緒に考えることや、一緒にやることを動員することが必要である。

腹を量《はか》りて食い、身を度りて衣。

【出典】 戦国・墨翟『墨子・魯問第四十九』

【原文】 子墨子、公尚過に謂いて曰く、「子、越王の志をいかんと観る。意《おも》うに越王わが言を聴き、わが道を用いんとせば、翟、往かんとす。腹を量《はか》りて食い、身を度りて衣、自ら群臣に比せん。なんぞよく封をもってせんや」

【解釈】 体に合わせて服を裁断する。実際に即して事を行うことのたとえ。

靴が足に合うかどうか、それは自分が穿いた後に分かる。どの制度であっても、その国の歴史や現状、また人民の意志に適応すべきである。今多元化の時代において、多様性を尊重し、寛容になることは、国際社会の共通認識とすべきである。公平・正義・民主・自由・平等・開放は、すべての現代国家が追求すべき共通価値である。しかし、どのようにしてこれらの価値を実現するのかについては、各国家ごとに異なるモデルと道がある。異なる方針を尊重することも、共通認識とすべきである。

言うまでもなく、歴史上には不寛容が多くみられた。その中で、「価値観への不寛容」は最も深刻である。それは宗教と宗教との闘い、植民侵略、絶え間ない批判、猜疑、質疑そして衝突をもたらした。そのため、自分に合った量の食事をし、体に合わせて服を裁断し、自分のサイズに合った靴を履くといったことが常識として認識されることこそ、実際に非常に貴重な、従いそして追求すべき共通価値観である。イデオロギー化された「民主・専制・独裁・自由」などの言葉で他の国や制度を評価すべきではない。ことわざにもあるように、道は多くあれども、すべてはローマに通じるのだ。

強きものが弱きものを挫かず、富を持つ人も貧しい人を侮らず。

【出典】戦国・墨翟『墨子・兼愛中』

【原文】天下の人々が皆お互い愛しあえば、強きものが弱きものを挫かず、数の衆《おお》さで寡《すく》ないものを脅迫せず、富を持つ人も貧しい人を侮らず、貴人も賤人を踏みつけにせず、愚者を欺かない。

【解釈】強きものは弱きものを挫かず、富を持つ人も貧しい人を侮らない。

中華文化は平和発展の思想を内包している。講信修睦、協和万邦は中国の外交の基本である。近代以来、外敵の侵入や内戦は中国の人民に甚大な被害をもたらした。人民は平和の貴重さを深く感受し、平和を維持する信念と願望を決して諦めず、また決して他人に苦難を無理矢理に押し付けてはならない。中国は現在繁栄に向かっているが、覇を唱えることは絶対にない。古人の思想が唱えるように、「強きが弱きを挫かず。富を持つ者も貧しい者を侮らず」「国雖大好戦必亡(国大なりと雖も戦を好めば必ず亡ぶ)」。中国はこの思想を肝に銘じて、平和発展の道と平和の外交の政策をあくまで主張している。これは便宜上の措置ではなく、戦略的な選択であり、厳粛な約束である。

天下兼ねて相愛すれば則ち治まり、交《こもごも》相悪《ぬく》めば則ち乱る。

【出典】戦国・墨翟『墨子・兼愛上』

【原文】若し天下をして兼ねて相愛さしめば、国と国相攻めず、家と家相乱さず、盗賊有ることなく、君臣・父子皆能く孝慈ならん。此くの若ければ則ち天下治まる。故より聖人は天下を治むるを以て事と爲す者なり。悪んぞ悪むを禁じて愛するを勧めざるを得んや。故に天下兼ねて相愛すれば則ち治まり、交《こもごも》相悪《ぬく》めば則ち乱る。

【解釈】人々が自分と他人を区別なく愛し合えば平和な世の中として治まり、互いに憎み合えば戦乱の世となる。

「兼愛」は、墨子の重要な思想である。「兼愛」というのは、社会主義核心価値観の用語で解釈すると、和諧と友愛の意味である。中国の国内から見れば、人民同士の親密と援助を提唱し、調和の取れた社会を構築するべきである。国際的な視点においても同じなのである。特に情報やネットワークが発達する現代社会において、国際事務にわずかな異変でも生じれば、世界的な混乱と危機が起こるかもしれない。このような状況下で、各国は「互信互利」という理念を堅持すべきであり、「ゼロサム」また「勝者総取り」という古い考え方を捨て去るべきである。国々は開放的に協和し、相手国とのコンミュニケーションのプラットフォームを組み上げ、より多くの共通利益を作り出し、「交相悪」ではなく、「兼相愛」を求めるべきである。

凡《およ》そ近《ちか》くに交《まじ》わるに、則《すなわ》ち必《かなら》ず相靡《あいなび》くに信《しん》を以《もっ》てし、遠《とお》ければ則《すなわ》ち必《かなら》ず之《これ》を忠《ちゅう》にするに言《げん》を以《もっ》てす。

【出典】『荘子・人間世』

【原文】凡《およ》そ近《ちか》くに交《まじ》わるに、則《すなわ》ち必《かなら》ず相靡《あいなび》くに信《しん》を以《もっ》てし、遠《とお》ければ則《すなわ》ち必《かなら》ず之《これ》を忠《ちゅう》にするに言《げん》を以《もっ》てす。

【解釈】交際というものは、相手が近ければ信をもって関係を結び、遠ければ言葉を用いて関係を誠実で確かなものにしなければならない。

『荘子・人間世』は、人々が束縛され生きる状態を描いている。それと同時に、孔子の言葉を借りて、人間関係の構築における基礎である「信」を強調している。

「人而無信、不知其可也（人として信がなければ、うまくやっていけるはずがない）」、「君子一言、駟馬難追（一言口に出せば、四頭立ての馬車でも追いつけない）」。中国人の人間関係には、承諾は千金に値する。約束を必ず守ることは道徳の模範である。「信」は「信頼」であり、人間関係の基礎である。そのため、互いに猜疑心を抱く仲間関係は長続きしない。また同時に、「言必行、行必果（言った以上は必ず実行し、行う以上は断固としてやる）」という言葉もある。つまり、「信」は「承諾したことを実行する」という意味も含んでいる。そのため、友達と交際する際、一度引き受けた以上は必ずやり遂げるべきである。

国家間の交際において、「平和五原則」は中国式の道徳の模範であると言える。近年、中国は、近隣諸国に対して「親、誠、恵、容」の外交理念を提唱し、近隣諸国との互恵協力を深め、より良い自身の発展が近隣諸国にまで恩恵を及ぼし、また永遠に発展途上国の信頼できる友人の誠実なパートナーになるように力を尽くしている。同時に、中国は各大国の地位と作用を重視し、各大国とのオールラウンドの協力関係に力を注がいている。例えば、積極的にアメリカと新型大国関係を構築する同時に、ロシアとの戦略的パートナー関係、オールラウンドとの平和・成長・改革・文明のパートナー関係の構築にも力を尽くしている。中国はそれぞれの国とともに世界平和を維持し、共同発展を促進している。このような交際の道は、中国人の人間関係の道筋である。

合うときは彊く、孤なるときはすなわち弱く。

【出典】『管子』

【原文】それ軽重彊弱の形は、諸侯合うときは彊く、孤なるときはすなわち弱く。

【解釈】各国は団結すれば強くなる、互いに切り離せば弱くなる。

人生も、人間関係を切り離しては語れない。世界も同じなのである。二百余りの国家は一つの地球にあり、地球が必ずしも生命のある唯一の孤島であるとは限らないが、私たちはこれまでに周辺の銀河系に生命の可能性を発見せず、人類が居住可能な他の星も発見していない。そのため、私たちは地球の環境を大切にしなければならないのだ。しかし、同じ船に乗っている人々には恨みや摩擦などが発生しやすい。何度かの世界大戦はほとんど世界文明を後退させ破壊した。せっかく平和の時期を迎えても、我々は気候の変動、エネルギー資源、ネットワークセキュリティー、大きな自然災害など世界的問題に直面しなければならない。そのため、我々は武装を捨てて冷静になり、共同に地球を守るべきである。

曰く「合うときは彊く、孤なるときはすなわち弱く」。「協力・ウインウイン」は各国に普遍的に適用される原則とすべきである。経済領域だけでなく、政治、安全、文化など他の領域にも適用される。もし私たちは自国の利益と他国の利益を結合して考え、また両方の共通利益の拡大に努力し、ウィンウィンの新理念を樹立し、ウィナー・テイク・オールという古い考えを捨てれば、「各美其美、美人之美、美美与共、天下大同（すべての人はそれぞれの美しさを有しており、私たちがその美しさを忠実に理解して愛する能力を育てて、美しさと美しさが共に交わるようになれば、その時初めて天下が一つになる）」という理想的状態に到達できる。我々は手を携えて共同責任を負って、互いに力を合わせて難関を切り開いていくべきである。

是に於て之を往事に度り、之を来時に験し、之を平素に参じ、可なれば則ち之を決す。

【出典】春秋戦国『鬼谷子・決篇』[1]

【原文】是に於て之を往事に度り、之を来時に験し、之を平素に参じ、可なれば則ち之を決す。

【解釈】今までの歴史より推断し、未来のことを検証し、日常のことを参考した上で、よろしければ決断する。

1 『鬼谷子』は最初、『隋書・経籍志』に初めて記された。後の史書また他の文献典籍の中にも記載されている。中国古代の縦横家の鬼谷子の書であり、鬼谷子の一生の研究が凝縮されている。『鬼谷子』は21篇があり、縦横家の思想の参考資料として後世に伝わっている。

個人にとっても、国家にとっても、歴史は私たちにいろいろな啓発を与えてくれる。その中から、私たちが得られるもっとも重要なことは、個人の歴史の分析を通して、社会、国家、ひいては文明の歴史を分析することができるということだ。なぜ中国は平和を唱える国と言えるのか。この点は歴史を見ればすぐに分かる。社会が繁栄していた漢唐の時代であれ、経済が発達した明清であれ、中国は対外的に侵略し拡張したことがなかった。張騫を西域に赴かせたり、鄭和を西洋へ派遣するような交流があった。中国が歴史上で戦争に臨む際は、常に侵略側ではなく、防御側である。この点から見れば、中国は絶対に戦略的誤った判決を起こさない。

国際社会においては、この点も非常に重要なのである。特に大国に対して、絶対に戦略的誤った判決を起こさないようにすることだ。我々は歴史の経験を教訓とする必要がある。私たちは歴史から推断するだけでなく、現在の状況から未来の行いを鑑みるべきである。歴史上において、常識や情勢ひいては目下の状況により分析を加えることによって、もっとも正確的な判断を下すことができる。

我々は歴史から見ても、現在から見ても、中国は平和を愛し、責任感が強い大国であるということがよく分かる。そのため、中国が積極的に「協力・ウインウイン」を徹底するという世界秩序における役割がよく分かる。太平洋は中国とアメリカを収容する程大きいなように、世界も各国を連結させる程大きいのである。

隣邦必ず懼れて相親しまん

【出典】『韓非子・説林上』

【原文】

智伯、地を魏宣子に索む。魏宣子、予へず。

任章曰く、何故に予へざる、と。

宣子曰く、故無くして地を請ふ。故に予へず、と。

任章曰く、故無くして地を索む。隣国必ず恐れむ。彼、重欲厭く無し。天下必ず懼れむ。君、之に地を予へば、智伯必ず驕りて敵を軽んじ、隣邦必ず懼れて相親しまむ。相親しむの兵を以て敵を軽んずるの国を待つ。則ち智伯の命、長からず。

『周書』に曰く、将《まさ》に之を敗らむと欲せば、必ず姑《しばら》く之を輔け、将《まさ》に之を取らむと欲せば、必ず姑《しばら》く之を予へよ、と。

君、之に予へて以て智伯を驕らしむるに如かず。且つ君何ぞ天下を以て智氏を図ることを釈《す》てて、独り吾が国を以て智伯の質と為さむや、と。君曰く、善し、と。乃ち之に万戸の邑を与《あた》ふ。智伯、大いに

智氏自《よ》りて亡ぶ。

説《よろこ》び、因りて地を趙に索《もと》む。与えず。因《よ》りて晋陽を囲む。韓魏之に外に反し、趙氏之に内に応ず。

【解釈】 国と国との関係は、国民同士の親善友好いかんにかかっている。長年にわたり友好協力関係を保持できる二つの国には、共通点がある。それは、国民同士が互いに助け合い、親善友好という点である。国民同士の交際・交流・継承は、両国の友好、共栄協力の基礎であり、友好協力関係こそが両国を繁栄させ継承していくべき基礎である。

両国の国民同士の友情は、過去の友好的交際によるところが大きい。また、未来ための共同努力によるところもある。例えば、両国の若い世代は、共通の趣味を持っているかどうかに関わっているし、また新しい時代の方式で友情を促進、継承、そして発展させる意欲を持っているかどうかなどにも関わっている。

独学にして友無ければ、友だちがいなく。

【出典】『礼記・学記』

【原文】独学にして友無ければ、友だちがいなく。

【解釈】独りで学んで、一緒に交流し、高め合う友達がいなければ、きっと学識が浅く見聞場狭くなってしまうであろう。

この言葉は、我々は他人に学ぶ必要がある、という分かりやすい道理を伝えている。このようにしてこそ、視野が広げられる。

個人だけでなく、国も同じなのである。中国にとって、悠久なる中華文明は私たちの根であり、血液でもある。だが私たちは、現状に甘んじて進歩を求めず、ただ古いものばかりに拘り革新を拒むことなどしない。

実に、中華文明の一番繁栄していた時期は、外界との交流がもっとも頻繁な時期であった。しかし、閉館鎖国の後、私たちははじめて西洋の砲艦の強さに驚いた。

文明間の相互学習と相互交流の必要性は、既に主流文明の共通認識になった。

五大州の文明は、それぞれの優れた点があり、我々にとって見習う価値がある。私たちは、その中から精華のところを吸収し、我々の文明と結合して、また国の発展現状と結合し発展させるべきである。「其の善なる者を択びて之に従ひ、其の不善なる者は之を改む（よい人をえらんで、そのよい点を見ならい、よくない人については、自分にも同じようなよくない点がありはしないかと反省し、そのよくない点を改めるようにする）」。「兼収并蓄（内容が異なり性質の相反するものでも差別なく受け入れること）」、「去偽存真（偽物を取り去って本物を残す）」のように、我々は本当の開放的な気持ちで民族視野を広げ、中国を近代化された強国に造り上げなければならない。

命を馳せ、駅を走り、時月に於いて絶えず。

【出典】『後漢書・西域伝』

【原文】命を馳せ、駅を走り、時月に於いて絶えず。商胡《しょうこ》の販客、日《ひび》塞下《そっか》に於いて款しむ。

【解釈】手紙を送り届ける人、命令を伝達する人は続々と現れて絶え間がない。この言葉は、漢代西域（玉門関以西の新疆および中央アジア各地の総称）の経済と文化の交流の繁栄を反映している。

これは写実的に長期にわたる中国とアラブ間の交流を総括している。中国とアラブの交流の歴史をふりかえると、陸上のシルクロードと海上のスパイスルートが想起される。両国の派遣使者である甘英、鄭和、イブン・バットゥータは名声が後世に伝わっている。シルクロードのおかげで、古代中国の四大発明である製紙・印刷術・火薬・羅針盤をアラブを通してヨーロッパまで普及した。その一方、古代アラブの天文、暦法や医薬も中国まで紹介された。これは文明交流史における輝かしい一章である。千百年来、シルクロードが抱く開放的包摂、相互学習・相互参考、互恵・ウインウインの精神は代々伝えられている。今の中国が提唱している「一帯一路」という戦略は、必ずアラブ諸国に絶好の機会をもたらす。中国とアラブ諸国は、シルクロードによって国交を結んだため、「一帯一路」を共に建設する友好パートナーである。両側は「共に話し合い、共に建設し、共に分かち合う」という原則に従うべきである。また、未来に向かう同時に、目の前に着実して、「一帯一路」建設に具体的な成果を得るように努力しなければならない。

勢を以て交する者、勢が傾き、則ち絶つ。利を以て交する者、利が窮し、則ち散す。

【出典】隋・王通『中説・礼楽篇』

【原文】勢を以て交する者、勢が傾き、則ち絶つ。利を以て交する者、利が窮し、則ち散す。

【解釈】権力を以て相交わる者は、権力を失うとともに友情も失くしてしまう。利益を以て相交わる者は、利益を失うとともに友情も失くしてしまう。

人との交際にはいろいろな標準がある。その標準は人によって異なっている。しかしながら、友情を末永く続ける秘訣は、共通の要素がある。それは、権力や勢力ではなく、金銭でもなく、真心と誠意のことである。心を以て相交わる者は、その友情が長く久しいものとなる。これは古人が古より体得していた道理である。国家間の交際も同様である。中華人民共和国が成立して以来、他の国の大小、貧貧富、強弱を問わず、すべての国を平等に扱うことを主張している。「平和五原則」であれ、この数年来の中国の他国に対する態度からもよく分かる。このようにして、中国は多くの国々と牢固な友情を結んだ。どのような時も、中国は他国と苦楽を共にし協力を行い、有事の際には共に助け合うのである。

木の長きを求むる者は、必ず其の根本を固くす。流れの遠きを欲する者は、必ず其の泉源を浚《ふか》くす。

【出典】唐・魏徴『諫太宗十思疏』

【原文】木の長きを求むる者は、必ず其の根本を固くす。流れの遠きを欲する者は、必ず其の泉源を浚《ふか》くす。

【解釈】樹木を成長させようとするならば、まずその根を張らせる必要がある。根底が張ってこそ幹がまっすぐに伸び、枝葉を茂らせることができる。水の流れを遠くまで延ばしたければ、まず水源をさらって深めるべきである。

中国が率先して提唱し実行している持続可能な発展戦略は、今の各国の共通認識になっている。やせている土壌では平和の木は育てられず、また絶えない戦火の中に発展することはできないように、持続可能な発展戦略は安全を前提として成り立っている。逆に言えば、安全が保証されれば発展することができる。発展こそが安全問題を解決する一番良い道である。

この数年以来、中国は積極的に国際ガバナンスに参加している。アジアにおいて積極的に共通の開発と成長及び経済一体化を推し進める。また世界規模のグローバル経済ガバナンスにも積極的に参加している。中国の世界安全と発展への注目は、世界にも広く認められている。

泰山に登りて群岳を覧《み》て、岡巒の本末を知るべきなり。

【出典】唐・王勃『八卦大演論』

【原文】滄海に拠りて衆木を観て、即ち江河の会帰を見るべきなり。泰山に登りて群岳を覧《み》て、岡巒の本末を知るべきなり。

【解釈】海のそばで江川を見ると、なぜ江川は海に流れ入るかがすぐ分かる。泰山を登って他の山を見ると、なぜ泰山を一番とするのかが分かる。

言葉の前半である「滄海に拠りて衆木を観て、即ち江河の会帰を見るべきなり」は、実に非常に広い視野と広い世界を描いている。これは「登高望遠（遠くまで見たいなら高いところに登らなければならない）」、「欲窮千里目、更上一層楼（千里の目を窮めんと欲すれば、更に一層の楼を上る）」の巧みさと同じである。個人に関して言えば、広い度量を欲するならば、自身の見聞を広げる必要がある。多くの知識を持ってこそ、見聞も広がり、仕事と生活中における様々な問題にも平気で対応することができる。

国際交際においてもこの言葉が多く用いられる。中国は広い視野を持っている国家である。富強であっても他国を脅迫したり虐めたりはしない。これは中国の平和外交の体現である。

相知に遠近なく、万里なお隣たり。

【出典】唐・張九齢『送城李少府』[1]
【原文】相知に遠近なく、万里なお隣たり。
【解釈】互いを知るのに遠近は関係なく、万里を離れても隣となりえる。

1　張九齢（678―740年）字は子寿。一名は博物。諡は文献。韶州曲江（広東省）の出身。「張曲江」、「文献公」とも呼ばれる。中国唐代中期の政治家・詩人。西漢張良の後世。唐中宗景龍初年進士に及第して、校書郎に転任した。玄宗が即位した後、中書侍郎、同中書門下平章事、中書令任にあたった。張九齢は唐の有名な賢相であり、品格が高尚で、人柄が優れていた。彼が亡くなったあと、玄宗は常に彼を基準として人材を任命した。彼の人柄も後世に絶賛されている。

中国人の時間観と空間観は独特である。中国人は古来、意志や考えで時空の距離を越えようと試みていた。たとえば「思通千載、視通万里（考えは千里に通じて、視線は万里まで通る）」「海内存知己、天涯若比隣（世界に友あらば千里の果てといえども近隣のようなものだ）」、いずれも物理として存在する時空が、中国人によって詩的な存在に転化されている。

この時間と空間の密接な関係は、中国人独特の人生観と世界観である。それは人間関係だけでなく、国際関係にも適応することができる。そのためには、当然前提が必要である。

まずは平等であることだ。友達でも、国々の交際にとっても、平等はその前提である。

次に信頼である。「相知に遠近なく」の「相知」には「事情を知る」だけでなく、「心を知る」ことも必要である。共同の発展問題に対して、このような信頼を持ってこそ連携ができる。

最後に、実務に励むことが大事なのである。仲間同士で共通の話題と事業の目標を持ち、国家間にも同じ発展目標を持ってこそ、協力の中で相互補完と相互発展ができ、友情を深めることができる。

山積みて高く、沢積みて長し。

【出典】唐・劉禹錫『唐故監察御史贈尚書右仆射王公碑』

【原文】山積みて高く、沢積みて長し。聖人の後、必ず大きく昌《さかん》なり。聖《ひじり》と賢《かしこ》に由りて、或いは覇《は》強《きょう》と為す。建てて嗣に克《すぐ》らずして、北に済みて疆に疏《うと》し。斉人は之れを徳として、其の族は王と称す。

【解釈】山は積み重ねるほど高く、水は積み重ねるほど長い。

どのような事においても、経験の蓄積が必要である。人々の内在の養成は、経験と悟りの蓄積が必要であり、人々の外在の交際も、知識や人脈の蓄積が必要である。国の建設と発展においては長期計画が必要であり、政策の連続性も必要条件である。それによってようやく発展の道を進むことができる。国々の交際にとって、その利害の情勢が複雑であるが、共同の目標と絶えざる双方の努力が重要なのである。中国が提唱してきた共同・総合・協力・持続可能なアジア安全観が一つの例である。それは国際的に認められている。一旦この目標を明確にした後で、信念をかため、一歩一歩着実に進むことが大事なのである。絶えずに積み重ね、また前に進みつづけることによって、目標を達成できる。

日月光を同じくせず、昼夜おのおの宜しき有り。

【出典】唐・孟郊『答姚怤見寄』

【原文】日月光を同じくせず、昼夜おのおの宜しき有り。

【解釈】太陽と月とでは光の加減が違う。それぞれの時分に照らしているからこそ、各々の良さがあるということ。また日月のどちらも人間に益している。

社会にとっての個人、国際社会における国家はいずれも同じである。一つの社会において、異なる個体は異なる作用を発揮している。国際社会においても、異なる国は異なる役割を果たしている。どのような役割を果たすか、またどのような作用を発揮するかということは、その力と地位によって決められる。自分の力に応じて物事をなすこと、そして権力と責任を明確にすることは国際事情の処理にとって大事なことである。

我々はどのように今の国際社会に対処すべきだろうか。理想的状態は「求同存異（共通点を見つけ出し、異なる点は残しておく）」、「和而不同（和して同ぜず）」である。世界には同じ葉がないと言った通り、この世界に多様性があったからこそ、多彩多様になった。また文明と文明の間には相互交流と参考の機会が多くある。異なる時間に同じく世界を照らす太陽と月のように、中国、アメリカ、ロシア、ドイツ、フランスをはじめとする大国は、この世界で平和的に共存できる。歴史の経験から教訓をくみとれること、また現代社会における誤った戦略的判断の再演を避けることは、歴史を学ぶ意義であり、人間社会を推し進める原動力である。

則ち心を同じうして濟を共にし、終始一の如し。此れ君子の朋なり。

【出典】北宋・欧陽修『朋党論』

【原文】之を以って身を修め、則ち道を同じうして相ひ益し、之を以って國に事へ、則ち心を同じうして濟を共にし、終始一の如し。此れ君子の朋なり。

【解釈】終始一貫して心を合わせて協力し、共同して事業を営むのは、君子の交際である。

君子の交際と小人の交際は全く異なる。この古人の知恵は、我々を啓蒙してくれる。君子の交際は、水のように淡白であるが、終始一貫して心を合わせて協力する態度はいつまでも変わらない。小人の交際は甘く見えるが、利害関係の前になるとにすぐに途絶える。個人だけでなく、国家の交際も同じである。

国と国の交際は、十数年ひいては数百年、数千年と続く。長い時間の流れにおいては、衝突、摩擦、不快な出来事を避けることは難しいが、もし終始一貫してお互いに付き合うことができるならば問題ではない。君子の交際のように、終始一貫してお互いに付き合うことは、長きにわたって国家間の友情を続けていく奥義である。

人に随いて計を作し、後人を終え、自ら一家を成して始めて真に逼《せま》る。

【出典】北宋・黄庭堅『以右軍書数種贈邱十四』

【原文】小き字は痴凍蠅《ちとうよう》を作す莫かれ。『楽毅論《がくきろん》』は『遺教經《いきょうきょう》』に勝る。大き字は『瘞鶴銘《えいかくめい》』を過ぐること無し。『官奴《かんど》』は草を作して伯英に欺く。人に随いて計を作し、後人を終え、自ら一家を成して始めて真に逼《せま》る。卿家の小女《こむすめ》は「阿潜」と名づく。眉目《びもく》は翁に似て精神有り。

【解釈】他人の計画に従えば、人に後れをとってしまうが。自分の独自性を形成すれば、俄然面白くなる。

この言葉は書道の論である。習字に関して言えば、いつも拓本を模倣するばかりでは、いくら王羲之、米芾に似ても、それは自分の風格ではなく、ただの物まねである。ともすれば自分本来の風格を失う可能性すらある。新しい工夫をこらしてこそ、自ら一派をなすことができるのだ。

国際社会においても同様である。アメリカの政治家ハンティントンは『変革期社会の政治秩序』という本の中で、モデル転換中の十数か国の政治体を考察した上で、多様な標準で計測し調査したところ、歴史条件や社会治理程度の差を問わず、ただ制度を真似したとすれば、社会の動揺を招くとした。その理由として、制度の移植、あるいは模倣には様々な要素が絡んでくるからである。例えば、民主と法治を実現するためには、先に高度な経済発展が必要である。さもなくば「貧乏の正義」によって騒乱が発生してしまう。同様に、高水準の制度も、安定した多元的な社会構造を必要とする。その他、人口の素質、政治操作の成熟度、階層の流動、政治の柔軟性なども関わってくる。もしこれらの要素を無視して、完全なユートピアを実現しようと制度を移植すれば、結果がどのようになるか全く予測不能である。文学創作には「我に似せる者は生き、我を学ぶ者は死す」と言った通り、体に合わせて服を裁断し、また実際に即して事を行うことこそ、責任ある態度であり、政治および国家の実践において従うべき道である。

千銭にて唯、郷隣《きょうりん》を買うためのみなり。

【出典】明・馮夢龍『醒世恒言』

【原文】古人の卜居《ぼっきょ》する者を見ずして、千銭にて唯、郷隣《きょうりん》を買うためのみなり。

【解釈】古人は風水にて家を占わず、ただ善き隣人を得るために千金を用いた。

これに類似する諺に「孟母三遷（住居などを三度移し変えること）」がある。人間にとって隣人が重要であるのと同じく、国家においても隣人が重要である。しかし、人間は住居を変えることができるが、国家はできない。であるからには、隣国とは良い関係を保たねばならない。「其その大を得れば以て其の小を兼ねるべし」、隣国との間に矛盾が生じることは避けられないが、両側は両国関係がうまくなるために、大局から出発すべきである。また平和と友好的な協議を通して、分岐をコントロールし、うまく処理しなければならない。

大海の闊《ひろ》さは、一流の帰に非らざるなり。

【出典】明・馮夢龍『東周列国誌』第十六回

【原文】臣は聞《よ》く、大厦の成りは、一木の材に非らざるなり。大海の闊《ひろ》さは、一流の帰に非らざるなり。

【解釈】大きな家屋は一本の木材のみでは建てられず。渺渺たる大海も、一本の川だけで満たすことはできない。

国際関係は人民の交流によって成り立っている。国家間の友情は、両国の人民の意思という堅固な基礎が必要である。中華人民共和国は成立以来、世界の大部分の国々と外交関係を確立してきた。しかし、本当に両国の間の関係に影響を与えるのは、人民の相互理解と友情である。

中国が他国と交際する際に、民意という基礎の重要性を繰り返し強調するのは、この問題への深い理解によるところが大きい。「一帯一路」の提出であれ、ある国との交際であれ、指導者の訪問であれ、両国の貿易往来であれ、民意と友情は、中国が終始一貫して主張するものである。

一滴の水の恩にも、湧き出る泉で報いるべし。

【出典】清・朱『朱子家訓』[1]

【原文】一滴の水の恩にも、湧き出る泉で報いるべし。

【解釈】一滴の水のような恩にも、涌き出る泉のような大きさでこれに報いるべきである。

1　『朱子家訓』朱柏廬（1627―1698年）著作、『朱子治家格言』『朱柏廬治家格言』とも呼ばれる。家庭道徳を内容とした啓蒙教材である。修身治家の道は透徹して解明した家庭教育の名著である。その中には中国伝統文化の優れた点が多く記載されている。例えば「尊師重道（師を尊び教義を重んずること）」、「勤倹持家（勤倹を旨として家事を切り回す）」、鄰里和睦（隣人がむつまじい）などは、今に至っても現実的意義を持っている。

老子曰く、上善は水の若し。子曰わく、知者は水を楽しみ、仁者は山を楽しむ。中国には水を用いたたとえが多い。このことわざも、世に処し物に接する道理を水にたとえている。人は一生のうちに、往々にして困難に遭遇するため、他人を助けたり、他人からの助けを受け入れる場合が必ずある。中国伝統思想によると、他人に恩を施した際には見返りを求めるべきではなく、他人から恩を受けた人は、恩返しを心掛けるべきであるとされている。このような一見矛盾する態度があったからこそ、調和のとれた社会が構築できたのである。人間関係だけでなく、国と国の理想的な関係も同じである。国々が助け合い、相互に利益を享受すれば、必ず和諧社会のための堅固な基礎を築くことができる。

孤挙する者は起《た》ち難し。衆行する者は趨《おもむ》き易し。

【出典】清・魏源『默觚・治篇八』

【原文】孤挙する者は起《た》ち難し。衆行する者は趨《おもむ》き易し。傾く廈《いえ》は一の木の支うることに非らざるなり。河を決《さ》くは捧の土の障りに非らず。

【解釈】一人で重いものを持ち上げるのは難しいが、多くの人が取り組めば容易である。

協力連携の意義もさることながら、どのような着眼点を以って問題に取り組むべきなのか。一言で言うと、それは互恵・ウィンウィン、相互補完ということである。協力連携の意義とは、お互いに自分の長所で相手の弱点を補い、そして相手の優れていることを借りて共同発展を図ることである。これは国家間においても同様である。今の中国は、他国との協力連携しながら発展を求める意欲が強い段階にある。これが中国が「一帯一路」、アジアインフラ投資銀行、ＢＲＩＣＳ開発銀行など一連の措置をとった理由である。また中国は、世界を驚かせる速さで世界各国との統合発展を加速させている。中国発展の列車は世界諸国を歓迎し、また他国の長所を取り入れ短所を補うことに喜んでいる。中国夢の実現の道で、虚心に他国を学び、また共同に進むことが望まれる。

逆水を行く舟の如し、進まずんば則ち退《しりぞ》く。

【出典】清・梁啓超『莅山西票商歓迎会学説詞』
【原文】夫《そ》旧《れ》而《きゅうしか》して能《よ》く守らば、斯《ここ》に亦已《またや》めり。然れども鄙人以為へらく人之世に処《お》るは、逆水を行く舟の如し、進まずんば則ち退《しりぞ》く。
【解釈】流れに逆らって舟を進めるなら、進まなければ押し流される。何事も努力しなければ後退することのたとえ。

素朴な中国伝統の知恵は今のグローバル・ガバナンスにとって大きな価値がある。金融危機が発生して以来、世界経済は低迷期から徐々に脱してきてはいるが、成長の勢いはいまだに弱く、リスクや矛盾が次々と出ている。このような状況の中で、経済的リスクを減らすために世界各国は発展の難問を共同して解決すべきであり、また現在の難関を切り抜けるために、経済の情勢に対する共通認識を達成する必要がある。

中国はどのように国際社会に貢献してきただろうか。「一帯一路」の提唱、アジアインフラ投資銀行の創設、ＢＲＩＣＳ開発銀行への参加、自由貿易圏の建設など、すべては中国が自発的にグローバル経済ガバナンスに参加し、世界のために提出した方案である。

あとがき

五千年の輝かしい文明を持っている国として、中華文化は、歴史の発展で巨大な影響力を果たしています。情報が爆発している今に至っても、古典の知恵は、清らかな泉水のように人々の心の奥までしみ込んでいます。このように古典を顧みながら、初心を温めましょう。

中国の古典に含まれる豊かな治国理政の知恵を、如何により気高く読者たちに伝えていきましょうか、また如何に活気に満ちた形式で世界に伝えていきましょうか。この問題を解決するには、まずいいきっかけを見つけなければなりません。

2014年5月、人民日報の海外学習チームは『平天下—中国古典治理知恵』という書籍を編纂しました。この本は出版の後に国内外で大きな反響を呼びました。姉妹篇としての本書は『平天下—中国古典治理知恵』の方針を受け継ぎ更に130余りの名句を整理し、『礼記・大学』で示された修身・斉家・治国・平天下の4編に分け、古典に敬意を表しつつ出版させていただきました。

ここで、楊凱、陳振凱、張遠晴、劉少華、中孟哲、姚麗娜、李貞などの編集者に感謝の心を申し上げます。それでは、一緒に古典を習得し、初心を温めましょう。

編集者
2016年8月

平天下　中国古典政治智慧　定価 2980 円＋税

発　行　日	2019 年 8 月 20 日　初版第 1 刷発行
編　著　者	人民日報海外版「学習チーム」
訳　　　者	室上大樹　郭璇　王倩宇
監訳・出版者	劉偉
発　行　所	グローバル科学文化出版株式会社
	〒 140-0001 東京都品川区北品川 1-9-7 トップルーム品川 1015 号
印刷・製本	モリモト印刷株式会社

落丁・乱丁は送料当社負担にてお取替えいたします。
ISBN 978-4-86516-028-4　C0022

※本書は、中国図書対外推広計画（China Book International）の助成を受けて出版されたものである。